Betriebs- und Wirtschaftsinformatik

Herausgegeben von
H. R. Hansen H. Krallmann P. Mertens A.-W. Scheer
D. Seibt P. Stahlknecht H. Strunz R. Thome

W0262879

Günter Schmidt

CAM: Algorithmen und Decision Support für die Fertigungssteuerung

Springer-Verlag
Berlin Heidelberg New York
London Paris Tokyo

Priv. Doz. Dr.-Ing. Günter Schmidt
Eschenstraße 1, D–1000 Berlin 41

ISBN-13: 978-3-540-51088-8   e-ISBN-13: 978-3-642-46668-7
DOI: 10.1007/ 978-3-642-46668-7

Dieses Werk ist urheberrechtlich geschützt. Die dadurch begründeten Rechte, insbesondere die
der Übersetzung, des Nachdrucks, des Vortrags, der Entnahme von Abbildungen und Tabellen,
der Funksendung, der Mikroverfilmung oder der Vervielfältigung auf anderen Wegen und der
Speicherung in Datenverarbeitungsanlagen, bleiben, auch bei nur auszugsweiser Verwertung,
vorbehalten. Eine Vervielfältigung dieses Werkes oder von Teilen dieses Werkes ist auch im
Einzelfall nur in den Grenzen der gesetzlichen Bestimmungen des Urheberrechtsgesetzes der
Bundesrepublik Deutschland vom 9. September 1965 in der Fassung vom 24. Juni 1985 zulässig.
Sie ist grundsätzlich vergütungspflichtig. Zuwiderhandlungen unterliegen den Strafbestim-
mungen des Urheberrechtsgesetzes.

© Springer-Verlag Berlin Heidelberg 1989

Die Wiedergabe von Gebrauchsnamen, Handelsnamen, Warenbezeichnungen, usw. in diesem
Werk berechtigt auch ohne besondere Kennzeichnung nicht zu der Annahme, daß solche Namen
im Sinne der Warenzeichen- und Markenschutz-Gesetzgebung als frei zu betrachten wären und
daher von jedermann benutzt werden dürften.

Druck- und Bindearbeiten: Weihert-Druck GmbH, Darmstadt
2142-3140 – 543210 – Gedruckt auf säurefreiem Papier

VORWORT

Um wettbewerbsfähig zu sein und zu bleiben, muß ein Produktionsunternehmen heute in der Lage sein, ein breites Produktspektrum auch in kleinen Auftragsgrößen termingenau mit hoher Qualität zu liefern und kurzfristig Änderungen im Produktsortiment vorzunehmen. Diese Marktanforderungen sollten durch eine bedarfsorientierte Fertigung mit minimaler Lagerhaltung erfüllt werden, wobei die "just in time" Produktion durch den Einsatz flexibler Fertigungssysteme unterstützt werden kann. Ein solches System besteht aus einer Anzahl von numerisch gesteuerten Maschinen, die durch ein automatisches Materialhandhabungssystem miteinander verbunden sind, wobei alle Systemkomponenten durch ein Computersystem überwacht und gesteuert werden. Automatischer Werkzeugwechsel und das flexible Transportsystem ermöglichen es, ohne Unterbrechung der Bearbeitungsfolge durch manuelle Eingriffe mit minimalen Rüstzeiten zu fertigen, wechselnde Losgrößen zu bearbeiten, aus mehreren zulässigen Maschinenfolgen zu wählen, und somit bietet diese Technologie ein breites Spektrum flexibler Anpassungsmaßnahmen.

Die Steuerung von flexiblen Fertigungssystemen ist in der Hierarchie der Produktionsplanungsentscheidungen die unterste Stufe auf der die Fertigung konzeptionell beeinflußt wird, und somit letztendlich verantwortlich für die termingenaue Erfüllung der Fertigungsaufträge. Die Rechnerunterstützung, die heute im Rahmen von Leitstandsystemen auf dieser Ebene angeboten wird, beschränkt sich hauptsächlich darauf, dem Werkstattmeister alle für die Fertigungssteuerung benötigten Daten in aufbereiteter Form als Planungshilfe zur Verfügung zu stellen. Die Güte der Steuerungsentscheidungen unterliegt weiterhin der Kompetenz des menschlichen Problemlösers. Durch den Einsatz von flexiblen Fertigungssystemen haben sich aber die Lösungsmöglichkeiten für die auftretenden Probleme im Vergleich zur konventionellen Werkstattfertigung vervielfacht und sind im allgemeinen nicht mehr überschaubar. Es ist daher dringend erforderlich, neue Konzepte zu entwickeln, die Werkzeuge zur Erzeugung, Bewertung und Analyse von Fertigungsstrategien bereitstellen, und diese

ganzheitlich zu integrieren. Die Fertigungssteuerung als Teil
der Produktionsplanung basiert auf umfangreichem Datenmaterial,
das vollständig und aktuell sein muß. Eine geeignete Umgebung
für die Steuerung flexibler Fertigungssysteme wird durch das
CIM-Konzept geschaffen.

Das vorliegende Buch gibt erstmals einen umfassenden Überblick
über die in diesem Umfeld auftretenden Probleme und entsprechende Lösungsmöglichkeiten. Das Spektrum der dabei eingesetz-
ten Werkzeuge reicht von der kombinatorischen Optimierung bis
zu wissensbasierten Ansätzen. Der Leser, sei es der interes-
sierte Praktiker, der Wissenschaftler bzw. der Student der
Wirtschafts-, Betriebs- oder der Produktionsinformatik findet
neben einer Einführung in die methodischen Grundlagen, eine
Fülle von Anregungen und Beispielen für die Lösung von Pla-
nungs- und Steuerungsproblemen auf dem Hintergrund von flexiblen Fertigungssystemen. Darüber hinaus wird ein CIM-gerechtes
Leitstandsystem entworfen, das auf fortgeschrittenen konstruktiven und deskriptiven Lösungstechniken als integraler Bestandteil eines wissensbasierten Konzeptes aufbaut.

Bedanken möchte ich mich für die inhaltliche Unterstützung und
die dabei gegebenen Hinweise bei den Herren Professoren Bauer,
Konrad, Krallmann, Lenstra, Mertens und Weber. Danken möchte
ich darüber hinaus Frau Schleifer, Herrn Dannert und Herrn
Westermann für Ihre Hilfe bei der Erstellung des Manuskripts.

Günter Schmidt

INHALTSVERZEICHNIS

1. ZIELSETZUNG UND AUFBAU DES BUCHES

Die Anforderungen des Marktes an die industrielle Klein- und Mittelserienfertigung sind geprägt durch große Variantenvielfalt, kleine Auftragsgrößen, kurze Lieferzeiten, hohe Qualitätsanforderungen und nicht zuletzt durch immer kürzer werdende Produktlebenszyklen. Daraus ergibt sich für die Produktionstechnik die Aufgabe, kleine und mittlere Losgrößen verschiedener Aufträge mit kürzester Durchlaufzeit wirtschaftlich zu fertigen. In Hinblick auf geringe Bestände und niedriges Umlaufvermögen wird eine termingenaue auftragsbezogene Fertigung angestrebt, das heißt, keine Fertigung auf Lager. Fertigungsphilosophien wie "just in time" beschreiben die sich stellenden Anforderungen.

Eine Lösung dieser Aufgabe wird in den technologischen Möglichkeiten flexibler Fertigungssysteme gesehen, die neben flexiblen Transferstraßen zum Konzept der flexiblen Automatisierung für den diskreten Fertigungsprozeß gehören. Flexible Fertigungssysteme, die je nach Auslegung für die Einzel- bis zur Serienfertigung geeignet sind, lassen sich durch folgende Eigenschaften kennzeichnen:
- verkettete Fertigungsstationen durch automatisierten Materialfluß,
- minimale Rüst- und Nebenzeiten durch automatisches Umrüsten,
- Komplettbearbeitung durch Integration von Fertigungsverfahren,
- integrierte Steuerung durch Rechnerverbund,
- geringe Ausfallraten und hohe Kapazitätsausnutzung der Fertigungseinrichtungen durch Prozeßüberwachungs- und Diagnosesysteme,
- automatische Entsorgung.

Mit dieser relativ neuen Technologie einhergehend ist auch eine Veränderung der Arbeitsaufgaben in der Produktion zu beobachten. Routine- und reine Ausführungsarbeiten treten in den Hintergrund; Planung, Steuerung und Überwachung gewinnen an Bedeutung. Während sich die Technologie moderner Fertigungssysteme

immer schneller entwickelt, ist das existierende Verständnis
für die Fragen der Steuerung von flexiblen Fertigungssystemen
noch unvollständig. Die dabei auftretenden Probleme sind kom-
plex in Folge einer dynamischen und von Zufällen geprägten Systemumgebung, großer Datenmengen, Realzeitanforderungen für die
Problemlösungen, mehrstufiger Hierarchien mit hohem Vernet-
zungsgrad und nicht zuletzt durch immer geringer werdende
menschliche Interventionsmöglichkeiten.

Der hohe Kapitaleinsatz für diese moderne Fertigungstechnologie
erfordert eine besonders effiziente Nutzung aller Ressourcen,
um die strategischen Anforderungen des Unternehmens zu erfüllen. Hilfestellung leistet dabei eine umfangreiche und vernetz-
te Computerausstattung auf und über alle Ebenen der Organisation, die einen breiten Einsatz von rechnergestützten, an Echt-
zeitbedürfnissen orientierten Planungs- und Steuerungsmodellen
zur besseren Handhabung der existierenden Probleme möglich
macht. Dabei ist nicht nur auf die Effizienz der einsetzbaren
Methoden zu achten; ein problemangepaßter Entwurf des Planungs-
und Steuerungssystems ist eine der wichtigsten Voraussetzungen,
um die Möglichkeiten der neuen Technologien wirtschaftlich nutzen zu können.

Ziel dieses Buches ist es, verschiedene Problemstellungen, die
bei der Steuerung diskreter Produktionsprozesse auf dem Hintergrund von flexiblen Fertigungssystemen auftreten, ganzheitlich
zu strukturieren, einen Überblick über bekannte Konzepte, existierende Modelle und geeignete Lösungsverfahren zu geben, und
sie durch den Entwurf einer übergreifenden Architektur für das
Steuerungssystem problemangepaßt zu integrieren. Dabei wird auf
Spezialfälle von Problemausprägungen nur insoweit eingegangen,
als aus ihrer Betrachtung generalisierbare Aussagen ableitbar
sind. Im Mittelpunkt steht die Absicht, die allgemeingültigen
Aspekte, die bei der Lösung von Steuerungsproblemen bei flexiblen Fertigungssystemen zu beachten sind, zu verdeutlichen und
darüber hinaus die Intention, effiziente Ansätze zur Beantwortung der wechselnden Fragestellungen der Fertigungssteuerung zu
finden.

Als Fazit der Untersuchung läßt sich festhalten, daß die Lösung der Probleme der Fertigungssteuerung bei flexiblen Fertigungssystemen auf Grund der Komplexität der Aufgabenstellung einem hierarchischen Konzept folgen muß. Die zur Verfügung stehenden Modelle und Methoden sollten nicht isoliert Anwendung finden, sondern unter Ausnutzung ihrer jeweiligen Stärken synergetisch verbunden werden. Als Integrationsinstrument wird dabei ein interaktiv ausgelegtes wissensbasiertes System vorgeschlagen. Das auf dieser Grundlage konzipierte Fertigungssteuerungssystem ist mit entsprechenden Schnittstellen zu anderen CIM-Modulen ausgestattet und läßt sich in gegebene Rechnersysteme integrieren. Ein weiteres Ergebnis bezieht sich auf die wechselseitige Abhängigkeit zwischen der Technologie von flexiblen Fertigungssystemen einerseits und der auftretenden Steuerungsproblematik andererseits. In vielen Fällen läßt sich zeigen, daß je größer die bereitgestellte Fertigungsflexibilität ist, desto leichter Antworten auf die jeweiligen Fragen der Steuerung gefunden werden können.

Zunächst wird im folgenden Kapitel ein Überblick über die Grundlagen von flexiblen Fertigungssystemen, ihre Architektur und die daraus ableitbaren Flexibilitätsmaße gegeben. Der dritte Teil beschäftigt sich mit strukturellen Überlegungen zur Fertigungssteuerung, Hierarchisierungsaspekten und ihrer Einbettung in das CIM-Konzept. Zur Beantwortung der auftretenden Fragestellungen bei der Steuerung von flexiblen Fertigungssystemen bedarf es geeigneter Lösungsverfahren, deren methodische Grundlagen im vierten Kapitel behandelt werden. Detaillierte Problembeschreibungen und entsprechende Lösungsvorschläge auf dem Hintergrund existierender Systeme bilden den Schwerpunkt des fünften und sechsten Teils. In Kapitel sieben wird die Architektur eines intelligenten Steuerungssystems vorgestellt, das analytische und wissensbasierte Komponenten zu einem flexiblen Gesamtsystem problemangepaßt verbindet. Das Buch schließt mit einer kurzen Zusammenfassung und einem Ausblick auf zukünftige Entwicklungen.

2. FLEXIBLE FERTIGUNGSSYSTEME

Nachteile der traditionellen Auftragsfertigung bestehen in hohen Zwischenlagerbeständen, langen Durchlaufzeiten und einer relativ geringen Maschinenauslastung verbunden mit einer mangelnden Flexibilität, auf sich verändernde Marktanforderungen schnell und adäquat reagieren zu können. Dem zu begegnen, versuchte man eine Fertigungstechnologie zu entwickeln, bei der die Aufträge automatisch von Maschine zu Maschine geführt, die Rüstzeiten drastisch verkürzt und Zwischenlagerbestände verringert werden können. Vor ungefähr zwanzig Jahren führten diese Überlegungen zum Konzept flexibler Fertigungssysteme (FFS) zur Bearbeitung von rotationssymmetrischen und prismatischen Teilen.

Ein FFS ist eine automatisierte, integrierte Werkstatt bestehend aus einer Menge numerisch gesteuerter (CNC-) Maschinen mit Werkzeugbestückungseinrichtungen, ergänzt durch Meß- und Prüfsysteme, verbunden durch ein Materialhandhabungssystem, wobei alle Komponenten der Werkstatt durch ein Computersystem überwacht und gesteuert werden. Neben den Werkzeugmaschinen existieren für die spanende Bearbeitung oftmals ergänzende Einrichtungen zum Waschen, für Wärmebehandlungen, zur Umformung und zum Entgraten. Die Werkzeuge, die zur aktuellen Durchführung der Verrichtungen wie Fertigung, Montage oder Qualitätskontrolle benötigt werden, befinden sich im Werkzeugmagazin der entsprechenden Maschine. Automatisierte Werkzeugwechseleinrichtungen ermöglichen die Durchführung verschiedener Operationen praktisch ohne Umrüstzeiten.

FFS besitzen Charakteristika von Fließ- und Werkstattfertigung. Fließfertigung wird typischerweise für die Massenproduktion mit dem Ziel angewandt, kurze Durchlaufzeiten und eine hohe Maschinenauslastung zu erreichen. Traditionelle Werkstattfertigung dient der Produktion einer Vielzahl von Produkten in kleinen Serien. Die dazu benötigte Flexibilität hat meistens zur Konsequenz, daß die Maschinenauslastung gering, Durchlaufzeiten lang und Zwischenlagerbestände hoch sind. Integrierte FFS versuchen nun die Flexibilität der Werkstattfertigung mit der Effizienz der Fließfertigung zu verbinden. Sie sind eine wirtschaftliche Alternative zur konventionellen Fertigung, wenn kleine bis mittlere Losgrößen für eine Vielzahl von Teilen, typischerweise zwischen fünf und vierzig, zu fertigen sind. Idealerweise erreichen FFS das Produktionsziel durch hohe Maschinenauslastung, kurze Durchlaufzeiten, geringe Lagerhaltung, hohe Produktqualität und schnelle Reaktion auf wechselnde Marktanforderungen.

FFS sind fast immer Teil eines mehrstufigen Produktionsprozesses, deren Input von vorgelagerten Stufen stammt und deren Output an nachgelagerte Stufen weitergegeben wird. Beschreibungen realisierter Systeme sind beispielsweise bei Barash (1982), Dupont-Gatelmand (1982), Spur und Mertins (1981), Hatvany (1983), Stecke und Browne (1985) und o.V. (1988) zu finden.

2.1. DIE FFS-ARCHITEKTUR

Eine der wichtigsten Aufgaben beim Entwurf von FFS ist die Auswahl der Systemkomponenten und ihre geeignete Integration zur effizienten Nutzung der installierten Ressourcen. Die kleinste Einheit eines FFS ist ein FF-Modul. Er besteht aus einer CNC-Maschine (M) mit einem Werkzeugmagazin, die durch ein Materialhandhabungssystem zur Werkstück- und Werkzeugversorgung (Werkzeug- und Palettenwechseleinrichtung, Roboter) mit der Systemumgebung verbunden ist. Das Materialhandhabungssystem übernimmt das automatische und wahlfreie Be- und Entladen der Maschine mit Werkstücken und Werkzeugen. Beispiele für seine Realisierung sind schienengebundene oder induktiv gesteuerte Transportfahrzeuge, Fließbänder, Robotcarrier und Flächenportallader. Vor oder hinter der Maschine gibt es oftmals einen Eingabe- und einen Ausgabepuffer für Teile und Werkzeuge (vgl. Abbildung 2.1.-1.).

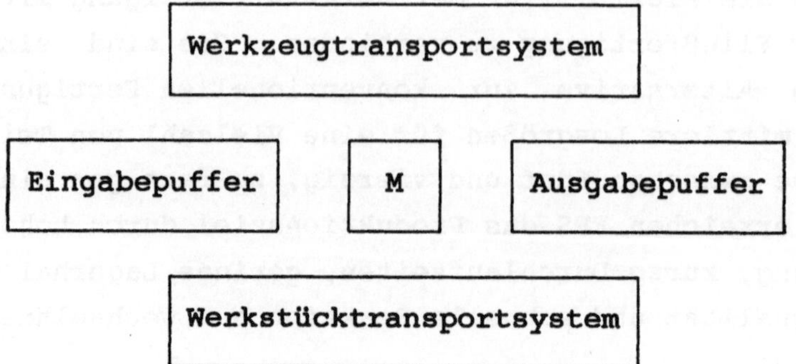

Abb. 2.1.-1.: FF-Modul

Eine FF-Zelle besteht entweder aus einer Menge sich vollständig ersetzender FF-Module (Universalzelle) oder aus einer Menge sich ergänzender FF-Module (Spezialzelle). Schließlich sind auch Mischformen von sich ergänzenden und ersetzenden FF-Modulen möglich (Mischzelle). Neben den Werkzeugmaschinen (M_i) enthalten FF-Zellen gegebenenfalls auch Zusatzeinrichtungen wie Wasch- (W) und Meßmaschinen (P). Das Werkzeugversorgungssystem einer FF-Zelle wird durch stationäre Speicherregale, eine Ein- und Ausgabestation und ein Werkzeugvoreinstellgerät ergänzt. Das Werkstückversorgungssystem wird durch ebenfalls stationäre und zentrale Spann- und Lagerplätze erweitert (vgl. Abbildung 2.1.-2.). Mit Hilfe des Zellenkonzepts lassen sich globale Entwurfsziele wie Fehlertoleranz, modulare Erweiterbarkeit und Übersichtlichkeit des Fertigungsablaufs erreichen.

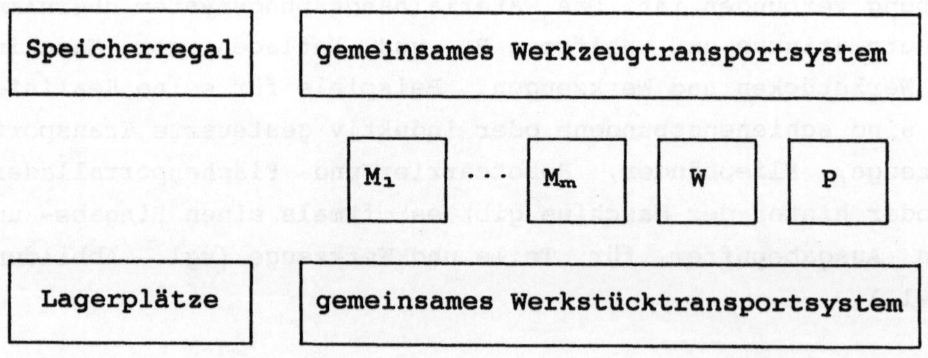

Abb. 2.1.-2.: FF-Zelle

Ein FFS besteht aus einer Menge solcher FF-Zellen, dessen Flexibilität darin besteht, daß es ein breites Spektrum von Werkstücken praktisch ohne Rüstaufwand komplett bearbeiten kann (vgl. Abbildung 2.1.-3.). Eine wesentliche Komponente des FFS ist das Computersystem, das Administrations-, Planungs-, Steuerungs-, Erfassungs- und Überwachungsaufgaben übernimmt. Insbesondere werden durch den Computer bzw. das Computernetzwerk der Auftrags- und Werkzeugbestand verwaltet, das Materialhandhabungssystem gesteuert, die Routen der Werkstücke durch das System bestimmt, der Bearbeitungszustand und die Lagerorte jedes Auftrags erfaßt, Bearbeitungsinformationen an die Maschinen weitergegeben, die entsprechende Werkzeugbestückung veranlaßt, der gesamte Fertigungsablauf überwacht, die Betriebsdaten erfaßt und auftretende Probleme diagnostiziert.

übergeordnetes Werkzeugtransportsystem

gemeinsames Werkzeugtransportsystem	...	gemeinsames Werkzeugtransportsystem

| M_{11} ... M_{1m} W | | M_{n1} ... M_{nm} P |

gemeinsames Werkstücktransportsystem	...	gemeinsames Werkstücktransportsystem

übergeordnetes Werkstücktransportsystem

Abb. 2.1.-3.: FF-System

Die Konfiguration eines FFS kann entsprechend der möglichen Routen einem Job Shop oder einem Flow Shop Typ entsprechen. Im Falle einer Flow Shop Konfiguration folgen alle Aufträge der gleichen Flußrichtung durch das System, während bei einem Job Shop unterschiedliche Flußrichtungen möglich sind. Die jeweils gewählte Architektur richtet sich nach dem durch das FFS langfristig zu fertigende Teilespektrum. Grundlegende Entwurfsentscheidungen beziehen sich auf die Festlegung der Bearbeitungsanforderungen, die durch das System zu erfüllen sind, die Bestimmung von Art und Anzahl der benötigten Werkzeugmaschinen und Robotertypen, die Auswahl des Materialhandhabungssystems und die Organisation der Lagerhaltung. Darüber hinaus müssen Hierarchie und Integration des Computersystems und der Datenverwaltung festgelegt werden. Detaillierte Entwurfsentscheidungen müssen Aspekte wie Systemlayout, Bearbeitungsgenauigkeit der Maschinen, Arbeitsweise der Werkzeugwechseleinrichtungen, Beschickung der Maschinen durch Werkstücke und deren Fixierung auf den Maschinen, Anzahl der benötigten Vorrichtungen und Paletten, Kapazität des zentralen und der dezentralen Läger sowie Planungs-, Steuerungs- und Integrationsstrategien berücksichtigen. Die Entscheidungen, die beim Systementwurf getroffen werden, sollten eine möglichst große Flexibilität für die Planung und Steuerung auf den folgenden Stufen bereitstellen. Dies gilt besonders für die Möglichkeiten der Werkzeugbestückung, der Einschleusung der Aufträge in das FFS, der Routenwahl für die Aufträge, der Maschinenbelegung innerhalb des Systems und der Reaktionsmöglichkeiten auf Systemstörungen.

2.2. DIE FFS-FLEXIBILITÄT

Das wichtigste Merkmal von FFS ist ihre Flexibilität, die sich auf verschiedene Aspekte bezieht (Browne et al. 1984):
- Maschinenflexibilität beschreibt die Möglichkeiten, auf wechselnde Anforderungen der Produktion zu reagieren. Als Maß dient beispielsweise die Zeit, die benötigt wird, verschlissene oder defekte Werkzeuge auszutauschen, die Maschine auf neue Teiletypen umzurüsten und für die Fertigung benötigte Vorrichtungen zu montieren.
- Prozeßflexibilität ist ein Maß für das Teilespektrum, das simultan im System bearbeitet werden kann.

- Produktflexibilität beschreibt die Möglichkeit, das gesamte
  System auf ein neues Teilemix umzustellen, gemessen durch die
  benötigte Umrüstzeit des Gesamtsystems.
- Routenflexibilität ist ein Maß für die existierenden Möglichkeiten, auf Störungen des Systems durch Ausfälle seiner Komponenten zu reagieren. Je größer die Anzahl der Bearbeitungs-
  alternativen im System ist, desto größer ist die Chance, Ausfälle von Systemelementen zu kompensieren.
- Volumenflexibilität beschreibt die Möglichkeit, ein FFS öko-
  nomisch effizient bei verschiedenen Auftragsgrößen zu betrei-
  ben.
- Erweiterungsflexibilität beschreibt die Möglichkeiten der modularen Erweiterbarkeit des Systems.
- Betriebsflexibilität beschreibt die Möglichkeit, die Routen-
  und Arbeitsgangfolgeentscheidungen so lange wie möglich offen zu halten.
- Produktionsflexibilität ist ein Maß für die Gesamtheit der
  Teiletypen, d.h. für das Teilespektrum, das ein FFS fertigen
  kann.
- Die Systemflexibilität ist eine Funktion der acht einzelnen
  Flexibilitätsaspekte.

Der jeweils realisierte Flexibilitätsgrad eines Fertigungssystems, d.h. die Anzahl der existierenden Alternativen auf unterschiedliche Fertigungsanforderungen angepaßt zu reagieren,
ist eine wesentliche Einflußgröße für die Möglichkeiten einer
effizienten Fertigungssteuerung (Zelenovic 1982, Gustavson
1984). FFS, die überwiegend aus sich ersetzenden Maschinen bestehen und einer Job Shop Konfiguration entsprechen, weisen eine größere Routen- und Betriebsflexibilität auf als solche, bei
denen die Mehrzahl der verfügbaren Fertigungseinrichtungen ergänzenden Charakter hat oder die als Flow Shop konfiguriert
sind. Darüber hinaus kann die Maschinen-, Prozeß- und Produktflexibilität durch automatischen Werkzeugwechsel in einem laufenden System gesteigert werden. Schließlich erhöht die Existenz von Zwischenlagern die Flexibilität insgesamt und darüber
hinaus auch die Zuverlässigkeit des Systems. In einem FFS ohne
Zwischenlager werden bei Ausfall einer Maschine alle Maschinen,

die Teile für die ausgefallene Maschine produzieren bzw. Teile
von ihr empfangen, auch stillgelegt. Die Störung kann schließlich das ganze System blockieren. Des weiteren ist es möglich,
daß kein Teiletransport erfolgen kann, bis die Verrichtung mit
der längsten Bearbeitungsdauer auf der entsprechenden Maschine
abgeschlossen ist. In einem solchen Fall werden Maschinen
blockiert, die zwar eine Verrichtung ausgeführt haben, doch deren Nachfolgemaschine noch nicht frei ist.

3. FERTIGUNGSSTEUERUNG IN EINEM INTEGRIERTEN KONZEPT

Die Fertigungssteuerung (FS) bildet zusammen mit der Fertigungsplanung (FP) ein Teilgebiet der Produktionsplanung (PL),
deren Aufgabenbereich sich vom Entwurf eines Produktes bis hin
zu seiner Fertigstellung erstreckt. Die PL läßt sich in einen
strategischen (langfristig) und einen dispositiven (mittel- und
kurzfristig) Teil zerlegen, wie in Abbildung 3.-1. dargestellt.

ZEITHORIZONT	TEILGEBIETE DER PL	AUFGABEN
langfristig	strategische PL	Systementwurf
mittelfristig	taktische FP	Strukturplanung Zeitplanung Kapazitätsplanung
kurzfristig	operative FS	System- initialisierung Systembetrieb

Abb. 3.-1.: Aufgaben der Produktionsplanung bei FFS

Aufgaben der strategischen PL beziehen sich auf die Vorgabe
globaler Rahmenbedingungen und umfassen unter anderem die Festlegung des Produktionsprogramms und die langfristige Bereit-

stellung der benötigten Produktionsfaktoren. Überlegungen zum Systementwurf, die im Rahmen der Einführung von FFS anzustellen sind, beziehen sich auf diese beiden Bereiche. Im einzelnen sind hierbei das mit Hilfe des FFS langfristig zu fertigende Teilespektrum und Alternativen möglicher Systemarchitekturen unter Berücksichtigung der Leistungsanforderungen, die man an das FFS stellt, festzulegen. Die geeignete Konfiguration wird durch eine ökonomische Evaluation der verschiedenen Systemalternativen ausgewählt (vgl. u.a. Kusiak 1986).

Die dispositive PL befaßt sich mit allen planerischen Tätigkeiten zur termin- und kostengerechten Gestaltung des Produktionsablaufs. Die dabei auftretenden Probleme können immer simultan betrachtet und auch mathematisch repräsentiert werden, doch selbst wenn alle Daten verfügbar und hinreichend verläßlich wären, ist dieser Ansatz wegen der sich ergebenden Problemgröße schon aus rechentechnischen Aspekten für die Praxis nicht geeignet. Daneben würde aus organisatorischen Gründen eine solche Betrachtungsweise nicht mit einer hierarchisch strukturierten Aufgabenverteilung, wie sie in den meisten Industriebetrieben vorherrscht, korrespondieren. Aus beiden Gründen werden die Probleme der dispositiven PL sequentiell durch hierarchische Planungsansätze im Rahmen von Aggregation und Dekomposition bearbeitet. Je weiter man nach unten in der Hierarchie gelangt, desto kürzer wird der Planungszeitraum und desto größer der Detaillierungsgrad der vorliegenden Informationen und damit der Problembeschreibung. Entscheidungen auf höheren Stufen bilden Nebenbedingungen auf niedrigeren Stufen, während Ergebnisse niedriger Stufen Rückkopplungen zu höheren Stufen auslösen. Es ist klar, daß ein hierarchischer Lösungsansatz in den allermeisten Fällen nur suboptimal sein kann. Die Anzahl der zu berücksichtigenden Stufen hängt von der jeweiligen Problemstellung ab, jedoch läßt sich eine grobe Unterteilung in eine taktische und eine operative Ebene vornehmen.

Auf der taktischen Ebene wird mittelfristig durch die zentrale FP ein flexibler Produktionsgrobplan auf der Basis der Primärbedarfsplanung und der Strukturplanung einerseits sowie der

Zeit- und Kapazitätsplanung andererseits erstellt. Dieser enthält Planungsspielräume für die operative Ebene. Die Aufgaben der Strukturplanung beziehen sich dabei auf die Bereitstellung der Fertigungsgrunddaten, die Berücksichtigung der Qualitätsanforderungen sowie die Durchführung der Bedarfsauflösung im Rahmen der Materialwirtschaft und der Brutto-Netto-Rechnung. Sie hat alle technologischen, quantitativen und qualitativen Anforderungen für Fertigung und Montage festzulegen. Diese dienen dann als strukturelle Nebenbedingungen für die Zeit- und Kapazitätsplanung. Ziel der Zeit- und Kapazitätsplanung ist die mittelfristige Festlegung von Start-, Zwischen- und Endterminen sowie die Ressourcenzuordnung für jeden einzelnen Auftrag unter Berücksichtigung der im Planungszeitraum gegebenen Kapazitäten und der Vorgaben durch die Strukturplanung.

Die Schnittstelle von taktischer und operativer Ebene wird durch die Auftragsfreigabe festgelegt. Auf operativer Ebene entscheidet eine dezentral ausgestaltete FS im Detail über die Nutzung der gegebenen Fertigungsmittel, um eine vorliegende Nachfrage in einem vorgegebenen kurzfristigen Planungszeitraum zu möglichst günstigen Kosten termingerecht zu befriedigen. Dazu gehören die Zuordnung von Aufträgen bzw. Arbeitsgängen zu Maschinen, die Zuordnung von Werkzeugen, Steuerdaten und Prüfanweisungen zu Aufträgen bzw. Arbeitsgängen, sowie die Bereitstellung und der Transport des Materials. Darüber hinaus müssen technische Steuerdaten an die Fertigungseinrichtungen weitergegeben und die Betriebs-, Maschinen- und Qualitätsdatenerfassung durchgeführt werden. Anwenderbefragungen haben ergeben, daß die wichtigsten Zielkriterien der FS bei FFS die Einhaltung vorgegebener Termine bzw. die Minimierung der Terminabweichungen, die Maximierung der System- bzw. Maschinenauslastung, die Minimierung der Zwischenlagerhaltung, die Maximierung der Produktionsrate und die Minimierung des Rüstaufwands sind (Smith et al. 1986).

Die Anforderungen an die FS für FFS unterscheiden sich von denen traditioneller Fertigungs- und Montagestrukturen. Das Aufgabenspektrum der FS bei FFS ist komplexer als bei der konven-

tionellen Fließ- bzw. Werkstattfertigung, da jede Maschine ein
breites Spektrum von Verrichtungen ausführen kann, das System
für die Fertigung verschiedener Teiletypen geeignet ist, eine
Vielzahl von Bearbeitungsreihenfolgen für jeden Teiletyp möglich sind und das FFS in Realzeit betrieben wird. Ausgangspunkt
der planerischen Aufgaben der FS für FFS sind wie bei konventionellen Fertigungssystemen die Fertigungsgrunddaten mit dem
Arbeitsgangfolgeplan und die Menge der freigegebenen Aufträge
des Produktionsgrobplans. Die FS hat darauf aufbauend Entscheidungen über die Initialisierung des Systems und seinen Betrieb
zu treffen. Die Systeminitialisierung übernimmt die Vorbereitung des FFS zur Durchführung der aktuellen Produktionsaufgabe
in einem gegebenen kurzfristigen Planungszeitraum. Für diesen
organisiert der Systembetrieb den physischen Ablauf der Fertigung. Begleitend dazu wird die Fortschrittskontrolle aufbauend
auf der Systemdatenerfassung durchgeführt. Systeminitialisierung und Systembetrieb sollen nun im folgenden etwas genauer
betrachtet werden.

3.1. SYSTEMINITIALISIERUNG UND SYSTEMBETRIEB

Ausgangspunkt für die Systeminitialisierung sind die Produktionsanforderungen eines aktuell zu fertigenden, von der FP vorgegebenen Teilespektrums, das vom FFS bearbeitet werden kann.
Normalerweise läßt sich nicht der gesamte freigegebene Auf-
tragsvorrat gleichzeitig fertigen, sondern er muß auf mehrere
Zeitintervalle aufgeteilt werden. Dies wird durch die Auftragsbildung erreicht. Dabei wird das in der aktuellen Initialisierungsperiode zu fertigende Teilespektrum nach Art und Anzahl
festgelegt. Im Rahmen einer vorausschauenden Betrachtungsweise
ist hierbei dem Problem der Umrüstzeiten und -häufigkeiten, die
durch den Wechsel von einem Initialisierungszustand zum nächsten entstehen, große Beachtung zu widmen. Das globale Pla-
nungsproblem der Systeminitialisierung besteht in einer möglichst guten Festlegung der einzelnen Initialisierungszeitpunk-
te für das FFS und damit der Dauer einer Initialisierungsperiode. Ausgehend von der Auftragsbildung sind die verfügbaren Ma-

schinen zu gruppieren und die Werkzeugausstattung der einzelnen
Magazine festzulegen. Eine gegebene Initialisierung muß immer
dann überprüft und gegebenenfalls kurzfristig verändert bzw.
modifiziert werden, wenn die Bearbeitung eines Teiletyps abgeschlossen ist, ein Eilauftrag eingeplant werden muß oder andere
Störungen, wie beispielsweise Maschinenausfälle oder Werkzeug-
verschleiß, eintreten.

Ist das System für eine Fertigungsperiode initialisiert, so
wird im Rahmen des Systembetriebs die Ablaufplanung durchgeführt, die den Realzeit-Aspekt der FS ausmacht. Hier sind
grundsätzlich zwei Entscheidungen zu treffen. Die Einschleusungsreihenfolge der Aufträge in das System ist festzulegen und
die Auftragsbearbeitung innerhalb des Systems ist zu organisie-
ren. Dazu müssen Entscheidungen bezüglich Routenwahl, d.h. der
Auswahl einer zulässigen Maschinenfolge für jedes Teil, und Maschinenbelegung, d.h. der zeitlichen Zuordnung von Aufträgen
und zur Verfügung stehenden Fertigungsmittel getroffen werden.
Ein generelles Ziel des Systembetriebs ist es, die Maschinen so
mit Werkstücken zu belegen, daß unnötige Wartezeiten sowohl der
Maschinen als auch der Werkstücke vermieden werden.

FERTIGUNGSSTEUERUNG	
SYSTEMINITIALISIERUNG	SYSTEMBETRIEB
- Auftragsbildung - Maschinengruppierung - Werkzeugbestückung	- Einschleusung - Routenwahl - Maschinenbelegung - Fortschrittskontrolle

Abb. 3.1.-1.: Aufgaben der Fertigungssteuerung bei FFS

Der aktuellen Einplanung ist die Fortschrittskontrolle der sich
im Fertigungssystem befindenden Aufträge und die Überwachung
der Systemhard- und Systemsoftware auf der Basis einer prozeß-

orientierten Systemdatenerfassung nachgeschaltet. Das Aufgabenspektrum von Systeminitialisierung und Systembetrieb ist nochmals zusammenfassend in Abbildung 3.1.-1. dargestellt. Die Ausführung der einzelnen Teilaufgaben der FS im Rahmen von Systeminitialisierung und Systembetrieb unterliegt meistens einem hierarchischen Problemlösungsprozeß.

3.2. HIERARCHISIERUNG DER STEUERUNGSAUFGABEN

Praktische Ansätze der Steuerung von FFS müssen ein dynamisches und von nicht vorhersehbaren Entwicklungen geprägtes Umfeld berücksichtigen. Die meisten Entscheidungen können aus wirtschaftlichen und technologischen Gründen nicht erst dann getroffen werden, wenn alle benötigten Informationen vollständig vorliegen. Dies gilt insbesondere für die Systeminitialisierung. Aber auch der Systembetrieb sollte in seiner grundlegenden Form einerseits vorausschauend organisiert werden, andererseits müssen Anpassungsmaßnahmen beim Auftreten von nicht vorhersagbaren Ereignissen möglich sein. Darüber hinaus zeichnen sich die Probleme der FS bei FFS nicht nur durch eine starke zeitliche, sondern auch durch eine funktionale Interdependenz aus. So sind die Möglichkeiten des Systembetriebs abhängig von den Entscheidungen, die im Rahmen der Systeminitialisierung getroffen worden sind. Andererseits geben Anforderungen, die an den Betrieb eines FFS gestellt werden, Vorgaben für die Initialisierung des Systems. Abbildung 3.2.-1. zeigt dies am Beispiel der Auftragsbildung, der Maschinengruppierung und der Werkzeugbestückung einerseits und der Ablaufplanung andererseits.

Daraus ergibt sich die wesentliche Forderung nach Integration aller Aufgabenbereiche der FS sowohl in zeitlicher als auch in funktionaler Hinsicht. Zu diesem Zweck können auf dieser Ebene die auftretenden Probleme auch simultan betrachtet und formuliert werden (vgl. u.a. Ahmadi und Ali 1986, Kiran 1986, Kim 1986), doch wirkt hier die zu ihrer Lösung verfügbare Rechenzeit noch restriktiver als auf der Ebene der FP. Eine prakti-

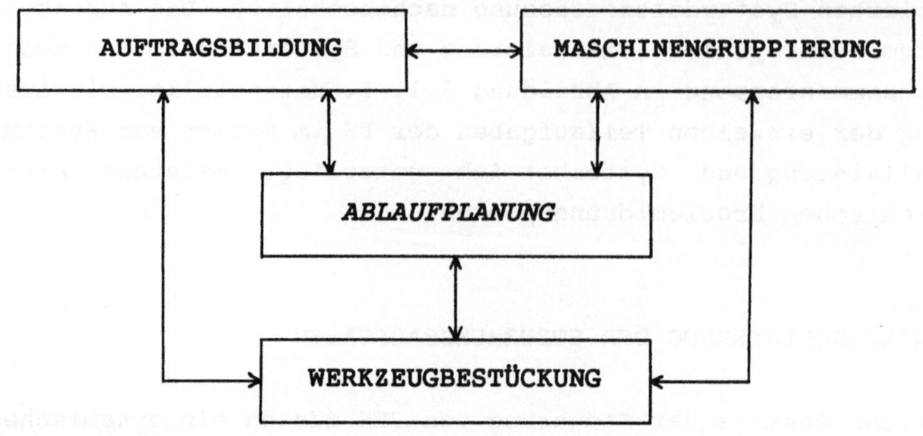

Abb. 3.2.-1.: Interdependenzen der Aufgaben der FS

sche Anwendbarkeit dieses Ansatzes ist allein schon aus diesem Grund mit Ausnahme einzelner Spezialfälle nicht möglich. In einer solchen Situation versucht man, durch eine zeitliche und funktionale Hierarchisierung der Entscheidungsaufgaben sowohl eine möglichst gute und rechentechnisch handhabbare Abbildung der vorliegenden, noch nicht vollständig beschreibbaren Problemstellung, als auch eine robuste Approximation zukünftiger Entwicklungen durch Bereitstellung von Planungs- und Steuerungsflexibilität zu erreichen. Die Hierarchisierung der Probleme der FS ist Bestandteil des Gesamtkonzepts zur hierarchischen Integration des Lösungsprozesses im Rahmen der dispositiven PL wie sie in Abbildung 3.2.-2. dargestellt ist.

Auf jeder Stufe s des hierarchischen Planungsprozesses werden Entscheidungen, die auf der Stufe s-1 auf aggregiertem Niveau getroffen wurden, als Rahmenbedingungen übernommen und durch entsprechende Dekompositionsprozesse in detaillierte Restriktionen für die Stufe s+1 verwandelt, bis man auf der untersten Ebene der Hierarchie angelangt ist. Das gesamte Vorgehen erfolgt in Form einer Schleife, die Rückmeldungen über die Qualität der Entscheidungen auf höheren Stufen im Hinblick auf die Ergebnisse tieferer Stufen bereitstellt. Der Planungsprozeß wird iterativ durchlaufen, bis man ein möglichst gutes bzw.

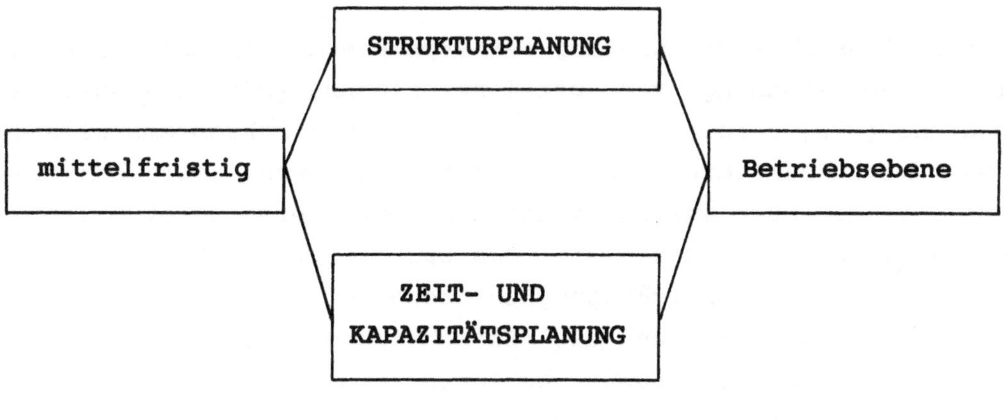

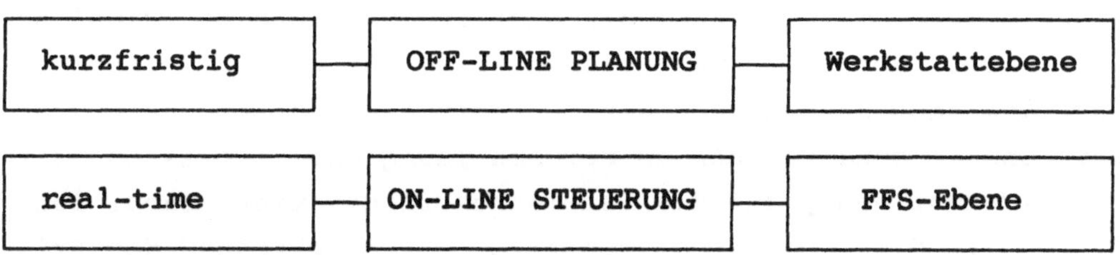

Abb. 3.2.-2.: Hierarchisierung der Aufgaben der FS

zufriedenstellendes Ergebnis gefunden hat. Je höher man sich in
der Hierarchie befindet, desto größer ist das Aggregationsniveau der Problemparameter, und je weiter man nach unten in der
Steuerungshierarchie gelangt, desto umfangreicher, genauer und
deterministischer werden die vorliegenden Informationen, aber
auch um so häufiger und schneller müssen die entstehenden Probleme gelöst werden. Um Pläne mit Hilfe des aggregierten Ansatzes erstellen zu können, bedarf es geeigneter Disaggregations-
mechanismen, die die Zulässigkeit und Konsistenz der Lösung sicherstellen. Formulierungen für aggregierte Ansätze und entsprechender Kopplungsmechanismen lassen sich u.a. in Hax
(1978), Bitran et al. (1981 und 1982), Graves (1982), Nelson

(1986) Chakravarty und Shtub (1986), Kusiak (1986) und Stecke
(1988) finden.

Die zeitliche Hierarchisierung der Probleme der FS bei FFS kann
durch eine Trennung von off-line Planung (OFP) und on-line
Steuerung (ONS) erfolgen. Die Dekomposition der Problemstellung
in Systeminitialisierung und Systembetrieb sowohl auf konzep-
tioneller als auch auf detaillierter Ebene verfolgt eine funktionale Hierarchisierung. Ziel des zeithierarchischen Ansatzes
ist es, durch Berücksichtigung unterschiedlicher Aggregations-
und Detaillierungsniveaus die Entscheidungsfindung auch auf
noch nicht oder nur ungenau bekannte zukünftige Informationen
abzustellen. Der grundlegende Gedanke der funktionalen Hierarchisierung ist, neben organisatorischen Erfordernissen, die rechentechnischen Schwierigkeiten, die bei dem Versuch einer simultanen Lösung der Probleme auftreten, besser handhaben zu
können. FS-Systeme für FFS sollten dem Konzept der Hierarchisierung sowohl in zeitlicher als auch in funktionaler Hinsicht
folgen. Der Vorteil eines solchen Vorgehens besteht nicht nur
im problemangepaßten Umgang mit den auftretenden Entscheidungs-
situationen, sondern auch in der Abbildung des Prozesses der
Entscheidungsfindung auf die Fertigungsorganisation. Dabei lassen sich die Probleme der dispositiven PL entsprechend der Fri-
stigkeit der Planungs- und Steuerungsentscheidungen drei organisatorischen Ebenen zuordnen: Betriebsebene, Werkstattebene
und FFS-Ebene. Die Domäne der ersten Ebene ist die FP, die der
zweiten und dritten die FS. Dabei sollte die OFP wegen ihres
übergreifenden Charakters auf Werkstattebene und die ONS besonders aus Gründen der Datenbereitstellung auf FFS-Ebene durchgeführt werden. Die getroffenen Planungs- und Steuerungsentscheidungen müssen immer dann überprüft werden, wenn ein neuer Auftrag zu der Liste der bekannten Aufträge hinzukommt, ein Auftrag gestrichen wird, eine Priorität sich ändert, oder allgemein gesagt, neue Informationen berücksichtigt werden müssen.

Im Rahmen eines hierarchischen Steuerungskonzepts müssen zeitliche und funktionale Aspekte integriert werden, wie in Abbildung 3.2.-3. dargestellt. Die Systeminitialisierung ist Be-

18

standteil der OFP, während der Systembetrieb eine Sonderstellung einnimmt, da er sowohl Gegenstand der OFP als auch der ONS ist. Die funktionale Hierarchisierung zergliedert die Probleme der FS in weitere Teilaufgaben.

FERTIGUNGSSTEUERUNG

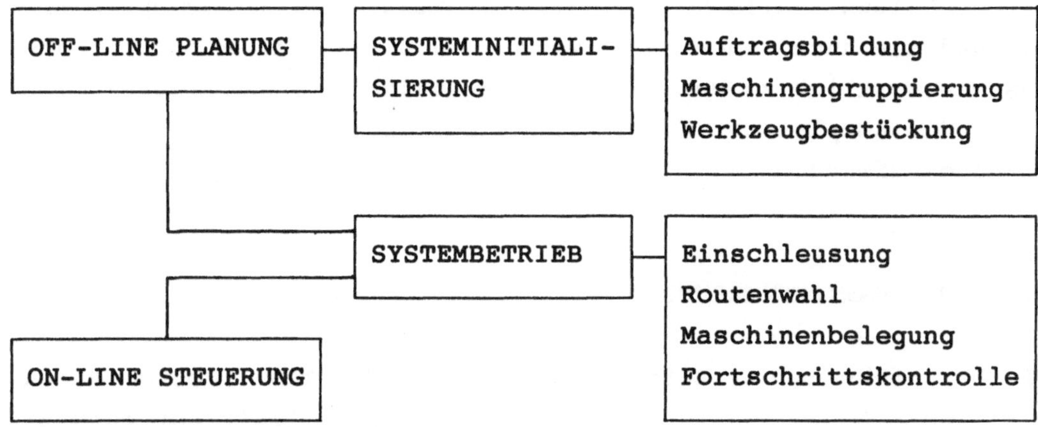

Abb. 3.2.-3.: Zeitliche und funktionale Hierarchisierung der
              Aufgaben der FS

Im Rahmen der Initialisierung werden die auftretenden Fragestellungen in Auftragsbildung, Maschinengruppierung und Werkzeugbestückung der Maschinen dekomponiert. Die Funktionen des Systembetriebs sind Einschleusung, Routenwahl, Maschinenbelegung und Fortschrittskontrolle.

Um die in einem hierarchischen Konzept auf den unteren Stufen auftretenden Probleme so überschaubar wie möglich zu halten, wird oft vorgeschlagen, möglichst viele Entscheidungen der ONS schon im Rahmen der OFP bzw. der Systeminitialisierung vorwegzunehmen. Gibt es beispielsweise Wahlmöglichkeiten bezüglich der Routen, die ein Teil durch das System nehmen kann und der Arbeitsgangfolgen, so kann durch die OFP im vorhinein schon eine Arbeitsgangfolge und eine Route ausgewählt werden. Daneben können Entscheidungen, die auf der Ebene des Systembetriebs getroffen werden, hinsichtlich der zu berücksichtigenden Parame-

ter auch vereinfacht werden. Wird die Einschleusung eines Auftrags auf Grund des aktuellen Systemzustands getroffen, so
macht es einen Unterschied, ob man detaillierte Statusinformationen benutzt oder ob man beispielsweise nur die Anzahl der
Aufträge im System und die Verfügbarkeit von Lagerplätzen berücksichtigt. Es ist aber immer vorteilhaft für das Steuerungs-
ergebnis, möglichst viele Alternativen auf jeder Planungsstufe
offenzuhalten, alle verfügbaren Informationen zu berücksichtigen und sie auch genau zu bewerten, d.h. die Flexibilität des
Systems wirklich zu nutzen. Auf der anderen Seite erhöht dies
auch die Komplexität der Probleme und damit den erforderlichen
Planungsaufwand.

3.3. INFORMATIONSVERBUND

Die Durchführung der Aufgaben von FP und FS kann heute durch
eine weit fortgeschrittene Informationstechnologie unterstützt
werden. Aus Überlegungen zur Verbindung betriebswirtschaftli-
cher und technischer Informationsverarbeitung ist das CIM-
Konzept entstanden (Harrington 1973). CIM steht für die Integration der Basismodule CAE mit CAD und CAP, CAQ, PPS und CAM,
die die Aufgaben der dispositiven Produktionsplanung unterstützen bzw. wahrnehmen. Ein hierarchisch strukturiertes Rechnersy-
stem, das auf einer gemeinsamen Datenbasis und klar definierten
Informationsflüssen arbeitet, verbindet alle Komponenten zu einem Gesamtsystem (vgl. u.a. Bullinger et al. 1986, Ranky 1986,
Scheer 1987 und die dort angegebenen Literaturhinweise).

CAE, CAQ und PPS wirken im Rahmen der FP zusammen, während die
FS als Bindeglied zwischen Ausführung und Planung sowohl an den
PPS- als auch an den CAM-Modul gebunden ist. Flankiert werden
sie durch die Berücksichtigung der Vorgaben von CAQ. Ein Überblick der im folgenden kurz beschriebenen Aufgaben der CIM-
Komponenten und ihres Zusammenwirkens im Rahmen von FP und FS
wird in Abbildung 3.3.-1. gegeben.

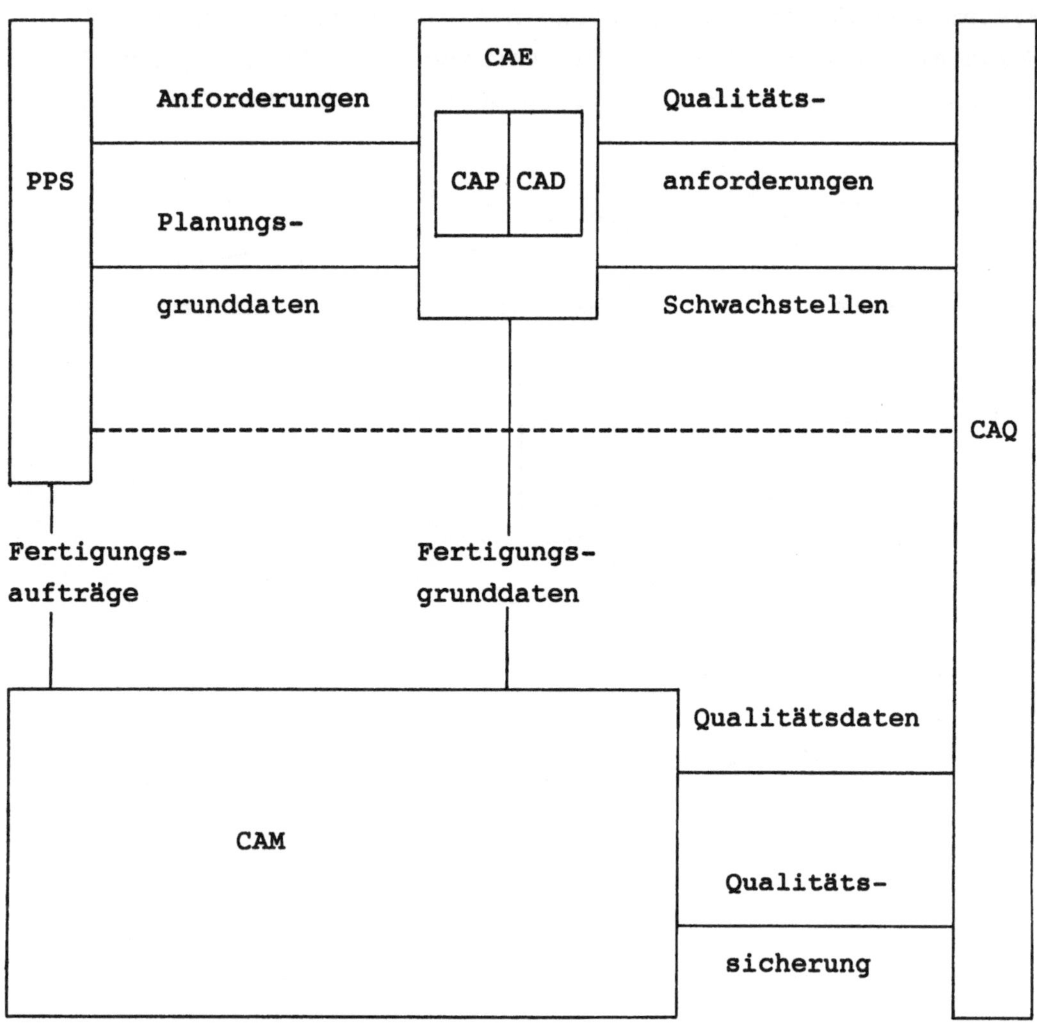

Abb. 3.3.-1.: CIM-Module für die FP und FS

Die Bereitstellung der Fertigungsgrunddaten, die Berücksichtigung der Qualitätsanforderungen und die Aufgaben der Materialwirtschaft als Bestandteil der Strukturplanung sind auf der

Ebene von CAE, CAQ und PPS angesiedelt. Alle Aufgaben zur Erstellung des Produktionsgrobplans im Rahmen der Zeit- und Kapazitätsplanung bis zur Auftragsfreigabe werden durch das PPS-System übernommen. Freigegebene Aufträge unterliegen der FS auf Werkstatt- und FFS-Ebene. Die physische Durchführung der Bearbeitungsanforderungen unterliegt dezentralisierten CAM-Modulen.

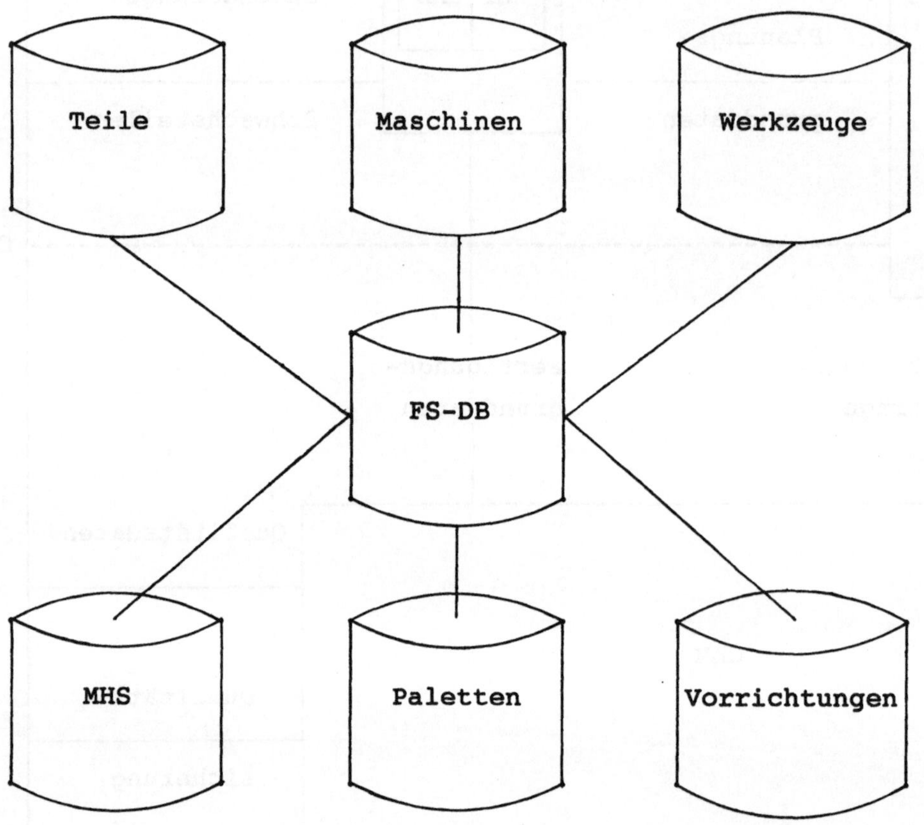

Abb. 3.3.-2.: Logische Sicht einer FS-Datenbank (DB)

Eine der wichtigsten Voraussetzungen für eine erfolgreiche FS im Rahmen des CIM-Konzeptes ist der Aufbau eines integrierten Datenbestands (CIM-Datenbank). Dieser muß die Aktualität der Informationen für alle Teilbereiche sicherstellen, um Fehlentscheidungen, die aus überholten Daten resultieren, zu vermeiden. Es wird eine möglichst redundanzarme Speicherung der Daten angestrebt, um die Konsistenz des Datenbestandes bei Änderungen zu erhalten. Diese Aufgabe übernimmt das zugehörige Datenbankverwaltungssystem, das alle einbezogenen Datenbanken steuert und verwaltet. Obwohl die Daten weiterhin physisch in mehreren Datenbanken abgelegt sein können, umfaßt die logische Sicht der Daten alle Module, so daß das gesamte Unternehmen virtuell mit einer CIM-Datenbank arbeitet. Ein Beispiel für eine FS-Datenbank für FFS ist in Abbildung 3.3.-2. dargestellt. Die entsprechenden Datenbanksysteme müssen hohen Anforderungen bezüglich Datensicherheit und Verfügbarkeit genügen sowie sich durch kurze Zugriffszeiten auszeichnen.

4. LÖSUNGSMETHODEN

Die Probleme der Steuerung von FFS zeichnen sich durch eine hohe Komplexität aus. Die Eingabedaten sind dynamisch und unterliegen laufenden Veränderungen. Diese Instabilität des Datenmaterials macht permanente Revisionen nötig, wobei existierende Lösungen kontinuierlich überarbeitet und angepaßt werden müssen. Verfahren, die dies erreichen wollen, müssen eine kurze Laufzeit aufweisen. Komplexe Verfahren mit großer Ressourceninanspruchnahme, d.h. insbesondere mit langen Rechenzeiten, sind für eine Lösung der Probleme der FS bei FFS nicht geeignet.

Zum besseren Verständnis und zur Beantwortung der im Rahmen der FS auftretenden Fragestellungen benutzt man Modelle, d.h. Abstraktionen der Wirklichkeit, die die jeweilige Planungssituation möglichst gut abbilden sollen. Eine gängige Einteilung bezüglich ihrer Handhabung unterscheidet konstruktive und deskriptive Modelle (Suri 1985, 1985a; Gershwin et al. 1986). Ein konstruktives (preskriptives, normatives) Modell benutzt eine Menge von Restriktionen und Zielkriterien zur Erzeugung einer oder mehrerer Lösungen im Sinne der Frage "was muß passieren, daß ...?". Ein deskriptives Modell benutzt eine Menge von Entscheidungen und untersucht das Verhalten des abgebildeten Systems entsprechend der Überlegung "was passiert, wenn ...?".

Konstruktive Modelle werden benutzt, um möglichst gute Problemlösungen zu finden, während man mit deskriptiven Modellen mögliche Entscheidungsalternativen evaluiert. Deskriptive Modelle stellen somit ein Werkzeug für den Entscheidungsträger dar, um ein besseres Verständnis für in Betracht gezogene Problemlösungen zu gewinnen. Bei FFS finden sie hauptsächlich auf der Ebene des Systementwurfs und der Systeminitialisierung Anwendung, während die Domäne konstruktiver Modelle Systeminitialisierung und Systembetrieb sind. Zur Untersuchung von deskriptiven Modellen bedient man sich analytischer Techniken in Form von Warteschlangennetzwerkmodellen auf aggregierter Ebene und der Simulation auf detaillierter Ebene. Analytische Techniken erlauben, ohne Modellexperimente durchführen zu müssen, Rückschlüsse auf das Verhalten des realen Systems mit einem geringen Aufwand für Datenbereitstellung und Rechenzeit. Konstruktive Modelle werden traditionell durch analytische Werkzeuge, die in ihrer allgemeinsten Form zur mathematischen Programmierung gerechnet werden können, und in letzter Zeit auch mit Hilfe wissensbasierter Ansätze gelöst. Wissensbasierte Methoden versuchen neben den oben genannten Techniken, Erfahrungswissen für die Problemlösung bereitzustellen.

Der Vorteil von deskriptiven Modellen liegt in der Möglichkeit, genauere Einsichten in die Dynamik des Systemverhaltens zu gewinnen. Der positive Aspekt der konstruktiven Modelle besteht in der Tatsache, tatsächlich Lösungen zu generieren, die sich dann oftmals in effiziente Strategien umsetzen lassen. Ein gemeinsamer Nachteil aller deskriptiven Modelle ist es, daß sie keine Lösung für die Probleme der FS direkt erzeugen, sondern nur Auswirkungen vorgegebener Strategien auf das Systemverhalten analysieren können. Zwar kann man versuchen, im Rahmen eines, je nach Detaillierungsgrad des Modells, zeit- und kostenaufwendigen Iterationsprozesses immer bessere Strategien zu generieren, jedoch ist der Erfolg eines solchen Vorgehens von den jeweiligen Testvorgaben abhängig. Der Nachteil der konstruktiven Modelle besteht darin, daß sich das Systemverhalten in seiner Dynamik, wenn überhaupt, nur sehr ungenau abbilden läßt und meistens nur deterministische Fragestellungen effizient untersucht werden können. Eine wechselseitige Kopplung beider Modelltypen würde die genannten Nachteile vermeiden und ihre Vorteile verbinden. Die Qualität konstruktiv erzeugter Lösungen könnte mit Hilfe deskriptiver Modelle evaluiert werden. Mit den daraus gewonnenen Erkenntnissen ließe sich das konstruktive Modell so lange verfeinern, bis man eine befriedigende Strategie gefunden hat. In vielen Fällen ist es zu Beginn des Planungsprozesses noch unklar, welche operativen Kriterien bei der Lösungsfindung zu berücksichtigen sind. Hier bietet sich der Weg an, daß man wie bei Simulationsexperimenten zunächst versucht, mit Hilfe deskriptiver Modelle eine Intuition für die relevanten Problemparameter zu erhalten, die dann als Vorgaben in einem konstruktiven Modell berücksichtigt werden. Die Wechselwirkung beider Modelltypen ist in Abbildung 4.-1. dargestellt.

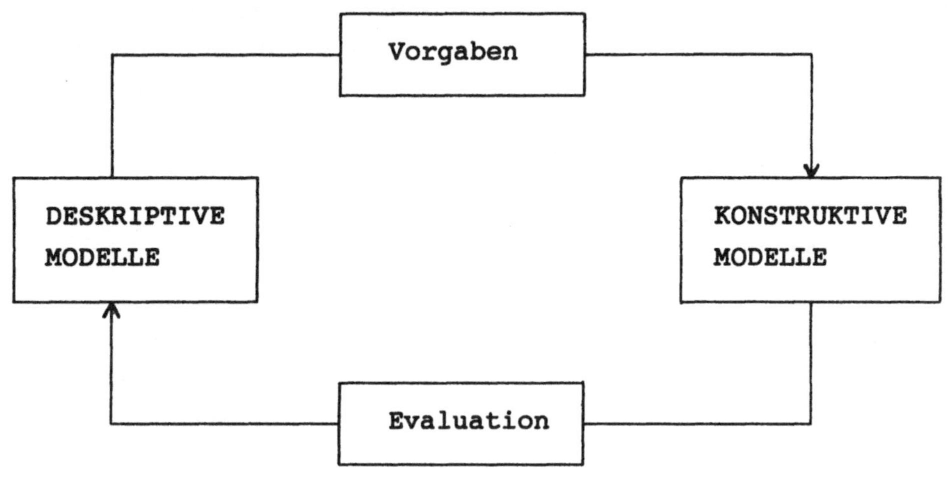

Abb. 4.-1.: Wechselwirkungen deskriptiver und konstruktiver Modelle

Eine Brücke zur Verbindung beider Modelltypen könnte, wie im folgenden noch erläutert wird, durch ihre Integration im Rahmen von wissensbasierten Ansätzen geschlagen werden. Diese sind zwar für sich genommen von konstruktiver Natur, basieren jedoch in ihrem Kern auf Intuition bzw. gesicherten Erkenntnissen, wie man sie aus deskriptiven Modellen ableiten kann.

4.1. DESKRIPTIVE MODELLE

Erste analytische Ansätze auf diesem Gebiet kamen aus der War-
teschlangentheorie die später durch die Berücksichtigung von
Netzwerken mit Warteschlangen (Jackson 1957, Gordon und Newell
1967, Kleinrock 1975) weiterentwickelt wurden. Inzwischen sind
effiziente Algorithmen und gute Approximationsmethoden für War-
teschlangennetzwerke bekannt und ihre Anwendbarkeit zur Evaluation des Leistungsverhaltens von FFS ist unumstritten. Daneben
wurde die Simulation entwickelt, die durch die Verbesserung der
Computerleistung, benutzerfreundliche Software und einer Wei-
terentwicklung der Theorie heute ein breites Einsatzfeld aufweist. Das Anwendungsfeld von deskriptiven Modellen bei FFS
liegt traditionell weniger auf der Ebene der FS als im Bereich
des Systementwurfs, doch gibt es gerade in letzter Zeit Ent-
wicklungstendenzen, solche Modelle auch hier zur Entscheidungsunterstützung einzusetzen.

4.1.1. WARTESCHLANGENNETZWERKMODELLE

Einfache analytische, konstruktive Modelle können dynamische
Aspekte des Systems und Störungen, wie sie beim Betrieb laufend
berücksichtigt werden müssen, nicht abbilden. Deskriptive, analytische Ansätze in Form von Warteschlangennetzwerkmodellen
(WNM) können einige dieser Systemeigenschaften berücksichtigen.
Erste Anwendungen dieser Modelle lassen sich in der Analyse von
digitalen Kommunikationssystemen finden.

Die grundlegende Theorie von Warteschlangennetzen wurde von
Jackson (1957, 1963) entwickelt und später von Gordon und Newell (1967) und Buzen (1973) weitergeführt. Sie läßt sich als
ein Hilfsmittel zur Unterstützung von Planungs- und Steuerungsentscheidungen bei FFS auf aggregierter Ebene einsetzen. Das
System wird dazu als Netzwerk von Bedienungsstationen mit ent-

sprechenden Warteschlangen modelliert. Die Aufträge werden unter der Annahme vorgegebener Bearbeitungsfolgen und Verteilungen der Bearbeitungsdauern abgefertigt. Eine Analyse des Netzwerkmodells erlaubt die Bestimmung verschiedener Leistungsmerkmale wie der Produktionsrate des Systems, der durchschnittlichen Warteschlangenlänge an jeder Bedienungsstation und entsprechender Ausnutzungsgrade der Fertigungseinrichtungen.

Im Rahmen der Theorie von Warteschlangennetzen unterscheidet man zwei grundsätzliche Modelltypen, offene und geschlossene Netzwerke (Buzacott und Yao 1986). Grundlegende Annahme der offenen Netzwerkmodelle (ONM) ist, daß die Anzahl der Aufträge im System zu jedem Zeitpunkt durch eine Zufallsvariable beschrieben werden kann. Ein ONM besteht aus M Bedienungsstationen (Maschinen). Es sei X_i die Länge der Warteschlange an der Bedienungsstation i, d.h. die Anzahl der Aufträge, die sich dort in Wartestellung und in Bearbeitung befindet; X die Menge aller X_i und $|X| = \Sigma_{i=1,\ldots,M} X_i$ die gesamte Anzahl der Aufträge im System. Die Bearbeitungsdauern der Aufträge an den Maschinen sind exponential verteilte Zufallsgrößen mit Bedienungsrate $\mu_i(X_i)$, $0<\mu_i(X_i)<\infty$ für $X_i>0$ und Erwartungswert $1/\mu_i(X_i)$. Die Abarbeitung der Warteschlangen an den Maschinen erfolgt gemäß der Strategie First-Come-First-Served (FCFS). Zu bearbeitende Aufträge werden in die Eingangswarteschlange des Systems entsprechend einem Poisson-Prozeß mit Ankunftsrate $\alpha(|X|)$ aufgenommen, d.h. es gibt ein unbegrenztes Auftragsreservoir, die Ankünfte erfolgen einzeln und die Zeiten zwischen zwei Ankünften sind wiederum exponential verteilte Zufallsgrößen.

Ein neuer Auftrag wird zuerst von der Maschine j mit Wahrscheinlichkeit r_{0j} bearbeitet. Im System folgen die Aufträge einer Markov-Kette, die durch die Übergangsmatrix R_{MM} beschrieben wird, wobei r_{ij} die Wahrscheinlichkeit einer Maschinenfolge (i,j) angibt. Mit $\Sigma_{j=1,\ldots,M}\, r_{ij} < 1$ für $i=1,\ldots,M$ beträgt die Wahrscheinlichkeit, das ein Auftrag das System nach Maschine i verläßt $r_{i0} = 1-\Sigma_{j=1,\ldots,M}\, r_{ij}$, $r_{i0} > 0$. Es sei v_j die erwartete Anzahl von Zeitpunkten, daß ein ankommender Auftrag Maschine j belegt, mit $v_j = r_{0j} + \Sigma_{i=1,\ldots,M}\, v_i r_{ij}$, $j=1,\ldots,M$.

Für die Gleichgewichts-Wahrscheinlichkeitsverteilung $P(X=n)$ eines solchen Systems gilt die Produktform:

$$P(X=n) = G^{-1} \prod_{j=0,\ldots,k-1} \alpha(j) \prod_{i=1,\ldots,M} f_i(n_i)$$

mit $n = \{n_i \mid i=1,\ldots,M\}$; $n_i \in |N_0$; $k=|n|$;

$$f_i(n_i) = v_i^{n_i} \prod_{j=1,\ldots n_i} \mu_i^{-1}(j) \, , \quad i=1,\ldots M \text{ und}$$

$$G = \Sigma_{k=0,\ldots,\infty} \prod_{j=0,\ldots,k-1} \alpha(j) \, \Sigma_{|n|=k} \prod_{i=1,\ldots M} f_i(n_i) \quad \text{als}$$

Normierungskonstante. Dabei wird angenommen, daß

(i) der Puffer jeder Bearbeitungsstation groß genug ist, um alle Aufträge aufzunehmen, die sich im System befinden, d.h. Blockierungen an Bearbeitungsstationen ausgeschlossen sind;

(ii) die Bearbeitungsdauern der Aufträge an den Maschinen exponential verteilt sind;

(iii) die Übergangswahrscheinlichkeiten der Bearbeitungsstationen bekannt sind und einer Markov-Routen-Matrix folgen;

(iv) die Abarbeitungsstrategie der Warteschlangen an allen Bearbeitungsstationen FCFS ist;

(v) bei Existenz mehrerer Auftragsklassen im System, alle Aufträge die gleiche Bedienungsrate an einer Bearbeitungsstation haben;

(vi) alle Bearbeitungsstationen kontinuierlich verfügbar sind und

(vii) Werkzeugwechselzeiten in den Bearbeitungsdauern enthalten sind.

Die FCFS-Abarbeitungsregel ist für das obige Ergebnis für $P(X=n)$ nur notwendig, wenn man die Annahme exponentialverteilter Bearbeitungsdauern aufrecht erhalten will. Im allgemeinen gilt es auch, wenn man ein Netzwerk von quasi reversiblen Warteschlangen hat, d.h., daß man von begrenzten Warteschlangenlängen ausgeht (Kelly 1979).

Die Eingabedaten, die das ONM benötigt, sind die Routenmatrix R_{MM}, die durchschnittliche Bearbeitungsdauer der Aufträge auf den Maschinen und die durchschnittlichen Zwischenankunftszeiten der Aufträge im System. Das ONM hat drei hervorzuhebende Spezialfälle:

1. $\alpha(\cdot) = \alpha$ (konstante Ankunftsrate)

$P(X=n)=P(Y=n)=\prod_{i=1,\ldots,M} P(Y_i=n_i)$;

2. $\alpha(j) = 0$, wenn $j \geq N$ und $\alpha(j) = \infty$ sonst, und $\prod_{j=0,\ldots,k} \alpha(j) = 0$ für alle $k \geq N$;

3. $\alpha(n) = 0$ falls $n \geq N$ für ein gegebenes N.

Im zweiten Fall handelt es sich um ein geschlossenes Netzwerkmodell (GNM). Dabei ist die Anzahl der Aufträge im System zu jedem Zeitpunkt gleich N (Gordon und Newell 1967). Unter Berücksichtigung von (i)-(vii) und der zusätzlichen Annahme, (viii), daß sowie ein Auftrag das System verläßt, ein neuer Auftrag ohne Zeitverlust eingeschleust wird, ergibt sich:

$$P(X=n) = G^{-1}(N) \prod_{i=1,\ldots,M} f_i(n_i) \text{ mit } |n| = N$$

$$\text{und } G(N) = \sum_{|n|=N} \prod_{i=1,\ldots,M} f_i(n_i)$$

und $f_i(n_i)$ wie schon bekannt.

Der Durchsatz TH der Bearbeitungsstation i läßt sich durch $TH(i) = v_i G(N-1)/G(N)$ beschreiben. Der Systemdurchsatz entspricht dem Durchsatz der Ein-/Ausgabestation, durch die die Aufträge das System betreten und wieder verlassen.

Im dritten Fall handelt es sich um ein beschränktes ONM. N kann jetzt als die maximale Anzahl von Aufträgen interpretiert werden, die sich im System befinden dürfen. Diese kann beispielsweise durch die Anzahl der verfügbaren Paletten oder durch beschränkte Lagerkapazitäten bestimmt sein. Das beschränkte ONM kann auf ein GNM reduziert werden.

Für die Abbildung eines FFS scheint das beschränkte ONM am besten geeignet zu sein. Da es als GNM modelliert werden kann, ist dies wahrscheinlich das bedeutendste Modell für ein FFS. Effiziente Algorithmen zur Ableitung der Leistungsmerkmale via GNM werden von Bruell und Balbo (1980) und Reiser (1981) angegeben.

Inzwischen ist für die Analyse von FFS mit Hilfe von GNM auch entsprechende Software verfügbar. Sämtliche Modelle basieren auf der Annahme, daß alle Bearbeitungsstationen auf ein zentrales Lager mit praktisch unbegrenzter Kapazität zugreifen, d.h., daß Blockierungen der Maschinen nicht auftreten können. Dabei lassen sich auch verschiedene Klassen von Aufträgen berücksichtigen. Jede Bearbeitungsstation besteht aus einer Menge identischer Maschinen, die von der Warteschlange der entsprechenden Station versorgt werden. Die Eingabedaten, die für diese Modelle benötigt werden, sind Anzahl von Klassen und Anzahl von Aufträgen in jeder Klasse bzw. Gesamtzahl der Aufträge im System, durchschnittliche Bearbeitungsdauer jeder Klasse an jeder Bearbeitungsstation, Anzahl der Maschinen jeder Station, Routenwahrscheinlichkeiten oder durchschnittliche Anzahl der Inanspruchnahme jeder Station durch jede Klasse, Anzahl der Transporteinheiten, durchschnittliche Transportzeit von Station zu Station und die Abarbeitungsstrategie der Warteschlangen. Evaluierbare Kriterien sind der Durchsatz jeder Klasse an jeder Station, die durchschnittliche Wartezeit jedes Auftrags jeder Klasse an jeder Station, die durchschnittliche Anzahl von Aufträgen einer Klasse, die sich in der Warteschlange an jeder Station befindet, die durchschnittliche Anzahl von Aufträgen in jeder Warteschlange, die Auslastung jeder Station, der Durchsatz jeder Klasse durch das FFS und die durchschnittliche Verweilzeit des Auftrags einer Klasse im System.

Solberg (1977) hat aufbauend auf dem GNM mit Produktform unter den Annahmen, daß kein Auftrag blockiert wird und keine Systemstörungen auftreten, das CAN-Q Modell entwickelt. Das Transportsystem wird als zentrale Bedienungsstation betrachtet, d.h. es muß von jedem Teil vor jedem Bearbeitungsvorgang benutzt werden. Eine feste Anzahl von Teilen zirkuliert im System entsprechend vorgegebener Maschinenübergangswahrscheinlichkeiten. Alle Stationen können aus mehreren Maschinen bestehen und aufbauend auf exponential verteilten Bearbeitungsdauern ist die Abarbeitungsstrategie FCFS. Die Kapazität der dezentralen Lagerplätze vor den Maschinen wirkt nicht restriktiv. Alle Maschinen sind kontinuierlich verfügbar. Die prinzipiell evaluierbaren Kriterien sind durchschnittliche Warteschlangenlängen und durchschnittliche Verzögerungen an jeder Station, Auslastung jeder Station und Transporteinheit und der Systemdurchsatz. Das Lösungsverfahren für CAN-Q basiert auf einer Erweiterung des rekursiven Algorithmus von Buzen (1973). Der Rechenaufwand ist proportional zum Produkt aus Stationenanzahl und

Anzahl der Teile im System.

Suri und Hildebrandt (1984) benutzen ebenfalls ein GNM mit Produktform. Zu seiner Lösung verwenden sie MVAN, das auf der
Mean Value Analyse (MVA) von Reiser und Lavenberg (1980) aufbaut. Der Anwender von MVA-Modellen muß die Transporteinrich-
tung und die Be- und Entladestationen explizit definieren. MVAN
ist ein exaktes Verfahren, um GNM mit Hilfe des ersten Moments
der Verteilung zu analysieren. Es lassen sich detaillierte Leistungskriterien auf der Basis von Teiletypen mit Hilfe dieses
Modells berechnen, wie der Durchsatz jeder einzelnen Bearbeitungsstation, die durchschnittlichen Wartezeiten für jede Auftragsklasse und die Auslastung jeder Bedienungsstation durch
jede Klasse. Das Lösungsverfahren arbeitet rekursiv, indem es
die Teilepopulation im System schrittweise aufbaut. Da der Rechenaufwand sehr groß werden kann, stellen approximative MVA-
Algorithmen (MVHEUR) eine Alternative zur exakten Lösung dar
(vgl. Schweitzer 1979). Shalev-Oven et al. (1985) haben das
MVHEUR-Modell dahingehend erweitert, daß parallele Bedienungsstationen mit identischen Maschinen berücksichtigt werden können (PMVA). Zusätzlich zur FCFS-Abarbeitungsstrategie können
Regeln, die auf externen Prioritäten aufbauen und maschinenva-
riabel sind, berücksichtigt werden. Die mit einem effizienten
Lösungsverfahren analysierbaren Leistungskriterien sind prinzipiell die gleichen wie bei MVAN bzw. MVHEUR.

Um beschränkte Pufferkapazität der Bearbeitungsstationen berücksichtigen zu können, werden reversible WNM betrachtet (Kelly 1979). Dabei unterscheidet man Modelle mit festen Routen,
mit festen Maschinenzuordnungen und mit dynamischen Routen (Yao
und Buzacott 1985, 1986). Um die Annahme von exponential verteilten Bearbeitungsdauern aufgeben zu können, werden approximative Modelle entwickelt. Dazu wird das Netzwerk dekomponiert
und jede Bedienungsstation wird isoliert betrachtet (Buzacott
und Yao 1986). Ein anderer Ansatz zur Vermeidung des stochastischen Hintergrundes der Betrachtungsweise ist die Operations-
analyse, die auf deterministischen Annahmen über den Systembetrieb basiert (Dallery 1986). Andere Modelle, die auf be-

schränkter Lagerkapazität aufbauen, werden von Buzacott (1976),
Buzacott und Shanthikumar (1980), Dubois (1983), Yao und Buzacott (1985a) und Suri und Diehl (1986) angegeben.

Ein Nachteil aller Warteschlangenmodelle sind die restriktiven
Annahmen (Gleichgewichtszustand des Systems), das hohe Aggregationsniveau bei der Problemformulierung und die beschränkten
Möglichkeiten besondere Systemausprägungen, wie Zwischenlagerkapazitäten und Blockierungszustände, zu berücksichtigen. Diese
Einschränkungen sind aber nötig, um eine analytische Lösung
möglich zu machen. Trotzdem erhält man durch ihre Anwendung einige grobe Aufschlüsse über die Leistungsmerkmale des untersuchten FFS mit einem geringen Aufwand an Datenbereitstellung
und Rechenzeit. Ein typisches WNM für ein FFS benötigt 20 bis
40 Datensätze und 5 bis 10 Sekunden Rechenzeit auf einem Mikrocomputer im Vergleich zu einem viel größerem Zeitaufwand für
einen Simulationslauf (vgl. Suri und Hildebrandt 1984).

Obwohl diese Modelle einfach und nur approximativ sind, da sie
nur von Gleichgewichtsannahmen ausgehen und keine Übergangszustände berücksichtigen, ist bekannt, daß ihre Ergebnisse für
die Unterstützung strategischer (Systementwurf) und taktischer
(Systeminitialisierung) Entscheidungen im Sinne einer schnellen
interaktiven Anwendung für die Gewinnung von ersten Aufschlüssen ausreichen. In diesem Sinne haben Co und Wysk (1986) und
Suri (1983) gezeigt, daß viele Modelle hinsichtlich ihrer Ergebnisse robust bleiben, auch wenn einige grundlegende Verteilungsannahmen und Warteschlangenabarbeitungsstrategien modifiziert werden müssen. GNM eignen sich besonders zum Treffen von
strategischen und taktischen Vorabentscheidungen, denen dann
detaillierte Modelle folgen. Dieses Vorgehen wird bei vielen
Problemen der Systeminitialisierung gewählt, indem mathematische Programmierungsansätze den aggregierten WNM auf detaillierter Ebene nachgeschaltet werden.

4.1.2. SIMULATION

Der traditionelle und wohl bisher auch noch dominierende Ansatz
für die Evaluation von FFS ist die Simulation zeitdiskreter
Prozesse (vgl. u.a. Phillips und Heisterberg 1977, Fishman
1978, Bulgren 1982, ElMaraghy 1982, ElMaraghy und Ho 1982, Suri
und Cao 1982, Carrie et al. 1984, Warnecke et al. 1984). Unter
Simulation versteht man das Nachbilden von Prozessen realer Systeme in einem Modell und das anschließende Durchführen von Ex-
perimenten mit diesem. Sie imitiert jede der einzelnen abgebildeten Systemoperationen mit Hilfe eines Computerprogramms und
macht es möglich, mit einem komplexen System zu experimentie-
ren, ohne dies selbst benutzen zu müssen.

Dazu muß zunächst das untersuchte System abgegrenzt und hinsichtlich seiner Subsysteme und Systemelemente genau definiert
werden. Darauf aufbauend wird das abstrahierte System als dis-
kretes Modell unter Berücksichtigung von Ereignissen, Aktivitä-
ten und Relationen abgebildet, implementiert und validiert, be-
vor es für die eigentliche Simulation in Form eines iterativen
Prozesses eingesetzt wird. Anforderungen, die an einen FFS-
Simulator gestellt werden, sind (Jain und Foley 1986):
- Transparenz der Modellbildung,
- Benutzerfreundliche Eingabe,
- Verbindung zur ONS,
- Flexibilität im Detaillierungsgrad,
- Benutzerfreundliche Darstellung der Ausgabe,
- Portabilität.

Es gibt hauptsächlich zwei Gründe für die derzeitige Populari-
tät der Simulation im Bereich der Produktionsplanung. Zum einen
existiert inzwischen eine große Anzahl von Tools (Carrie 1986),
zum anderen konnten die Rechenkosten durch den Einsatz von Mi-
krocomputern wesentlich gesenkt werden. Die meisten Simulati-
onssprachen wie SPSS/PC, SIMSCRIPT 2.5, SIMAN und MICRONET sind
inzwischen auf Kleincomputern verfügbar. Neben Paketen, die
ausschließlich datengetrieben sind und keine Programmierkennt-
nisse erfordern wie GCMS, GFMS und SPEED, gibt es auch solche,

die speziell auf die Simulation von FFS zugeschnitten sind
(GPSJ/H, Schriber 1985; MAP/1, Rolston 1985; CATLINE, Mayer und
Talavage 1976; GCMS, Lenz und Talavage 1977; CAMSAM, Runner
1978; SIM-Q, Dee et al. 1986).

In Abhängigkeit vom jeweiligen Detaillierungsgrad des Simula-
tionsmodells besteht der Hauptaufwand in der Programmentwick-
lung, in der Datenbeschaffung und in der Rechenzeit für jeden
Simulationslauf. Besonders die beiden letzten Punkte lassen sie
für eine on-line Anwendung derzeit nicht geeignet erscheinen.
Für ein typisches FFS Modell mit 100 bis 1000 Datensätzen würde
sich der Aufwand nur eines Simulationslaufs auf einem Mikrocomputer zwischen 15 Sekunden und drei Stunden bewegen (vgl.
Gershwin et al. 1986). Um ein befriedigendes Ergebnis zu erreichen, müssen oft eine große Anzahl von Simulationsläufen durchgeführt werden. Dies ist durch die starke Beanspruchung menschlicher und technischer Ressourcen äußerst kostenintensiv.

Simulation kann effizient für den Test (off-line) der Auswirkungen bestimmter Kontrollstrategien, Prioritätsregeln, Aus-
fallszenarien und Instandhaltungsüberlegungen eingesetzt werden. Im Rahmen der FS bei FFS liegt ihr Anwendungsbereich besonders im Bereich der OFP, wohingegen alle Realzeitprobleme
schnellere Evaluationsmethoden erfordern. Die Analyse der Ergebnisse von Simulationsläufen ist durch die erst kürzlich entwickelte Perturbationsanalyse, die im folgenden Abschnitt beschrieben wird, stark vereinfacht worden. Einen guten Überblick
über Probleme, die mit Hilfe der Simulation untersucht werden
können, erhält man durch Barash et al. (1981), Cavaille et al.
(1981), Rathmill et al. (1982), Spur et al. (1982), Martin und
Musselmann (1984) und Spiegl (1987).

4.1.3. PERTURBATIONSANALYSE

WNM und die Simulation zeitdiskreter Prozesse sind Instrumente,
um Systeme, die durch diskrete Zustandstransformationen beschrieben werden können, zu modellieren. Die Perturbationsana-

lyse (PA) (Ho et al. 1984, Ho 1985) ermöglicht eine effiziente Sensitivitätsanalyse ihrer Ergebnisse auf der Grundlage nur eines Systemexperiments (nominales Experiment). Sie kann auch auf ein laufendes System angewandt werden und ist eigentlich ein semi-konstruktives Werkzeug, da durch Anpassung kritischer Parameter das Leistungsvermögen des simulierten oder realen Systems systematisch verbessert werden kann. Die konventionelle Analyse eines Simulationslaufs erfolgt durch Veränderung eines oder mehrerer Entscheidungsparameter und anschließender erneuter Simulation. Durch Vergleich beider Ergebnisse kann die Sensitivität (Gradient) des ausgewählten Parameters bezüglich vorgegebener Leistungskriterien bestimmt und er entsprechend angepaßt werden. Falls mehrere Parameter und deren Wechselwirkung untersucht werden müssen, ist dies ein sehr aufwendiges Verfahren. Mit Hilfe der PA können die Sensitivitäten von allen Parametern bezüglich der Leistungsmerkmale des Systems schnell bestimmt werden, so daß ihre Anwendung aufbauend auf nur einem Simulationslauf in einer on-line Realzeitumgebung geeignet ist. Sie erlaubt eine Abschätzung der Auswirkungen von Parameterveränderungen, ohne diese wirklich verändern zu müssen.

Der Ablauf zeitdiskreter Prozesse kann durch die Attribute Input, Zustand, Übergangsregel (Operator) und Output charakterisiert und durch die Menge von Systemzuständen im Zeitverlauf beschrieben werden. Die PA analysiert nun eine gegebene Folge von Zuständen (Trajektor) in Hinblick auf Parameteränderungen. Dabei können zwei Problemtypen untersucht werden: infinitesimale und finite Perturbationen.

Bei der infinitesimalen Perturbation wird angenommen, daß sich durch Parameteränderungen nur die Eintrittstermine von Zuständen ändern, die Zustände und ihre Eintrittsreihenfolge aber die gleichen bleiben (deterministische Ähnlichkeit). Die Analyse der Änderungen und ihr Einfluß auf die Leistungsmerkmale des Systems läßt sich analog der aus der Netzplantechnik bekannten CPM- bzw. PERT-Methoden in kürzester Rechenzeit in nur einem Lauf ausführen.

Die finite Perturbation berücksichtigt Änderungen in der Reihenfolge der auftretenden Zustände und als Konsequenz auch neue Zustände, die im ursprünglichen Pfad nicht enthalten waren. Ein Beispiel dafür ist die Veränderung des Teilemix, das durch das FFS bearbeitet werden soll. Um die PA hier auch anwenden zu können, läßt man nur Reihenfolgeänderungen benachbarter Zustände zu. Darüber hinaus macht man eine statistische Ähnlichkeitsannahme, d.h. der perturbierte Pfad ist dem ursprünglichen Pfad statistisch ähnlich. Die Fortpflanzung der Perturbation auf beiden Pfaden ist dann im Durchschnitt die gleiche. Wenn man nun nur an durchschnittlichen Leistungskriterien interessiert ist, reicht es aus, den ursprünglichen Pfad für die Berechnungen zu betrachten.

Die Anwendung der PA auf laufende Systeme setzt ein Realzeit-Überwachungssystem und eine Identifikationsmöglichkeit von Beziehungen zwischen Systemzuständen voraus. Darüber hinaus muß eine Hypothese über Parameterveränderungen und den daraus resultierenden Zustandsveränderungen vorliegen. Es hat sich gezeigt, daß PA auf kleine Hypothesenfehler sehr robust reagiert (Suri und Zazanis 1985). Suri und Dille (1985) wenden PA auf ein existierendes FFS an und zeigen, daß die durch sie gewonnenen Ergebnisse mit den Schätzungen bezüglich der Sensitivitäten, die man aus der wiederholten Durchführung von Simulationsläufen erhält, fast vollständig übereinstimmen.

4.2. KONSTRUKTIVE MODELLE

Konstruktive Modelle werden benutzt, um ausgehend von einer Menge von Zielkriterien und Nebenbedingungen eine oder mehrere Lösungen des zugrunde liegenden Entscheidungsproblems zu erzeugen. Dabei lassen sich prinzipiell zwei Gruppen von Lösungsverfahren unterscheiden; die der Optimalplanungsmethodik und die der heuristischen Problemlösungsmethodik.

Im Rahmen der Optimalplanungsmethodik versucht man, ausgehend von einer mathematischen Beschreibung (Programm) des Problems, exakte, d.h. optimale Lösungen auf analytischem Wege zu erzeugen. Dieses Vorgehen bietet sich immer dann an, wenn die Problemstruktur hinreichend genau abbildbar und der Aufwand für die Lösungsfindung wirtschaftlich vertretbar ist. Leider sind die meisten praktischen Fragestellungen der FS, besonders auf der Ebene des Systembetriebs, durch ein dynamisches Umfeld und stochastische Problemparameter gekennzeichnet, d.h. eine hinreichend genaue Modellierung der auftretenden Probleme ist schon auf Grund mangelnder exakter und stabiler Informationen nur in den seltensten Fällen möglich. Eine andere Komplikation bei der Anwendung der Optimalplanungsmethodik entstammt den rechentechnischen Schwierigkeiten, die bei dem Versuch der exakten Lösung der meisten Problemstellungen auftreten.

Aus diesen Gründen kommt der heuristischen Problemlösungsmethodik für die FS bei FFS die größere Bedeutung zu. Hierbei wird der Optimalitätsanspruch, den man an eine Lösung stellt, zugunsten befriedigender Lösungen aufgegeben. Heuristiken können analytisch abgeleitet werden oder lassen sich in Form von Strategien aus Erfahrungswissen rekonstruieren. Die Anwendung analytisch ableitbarer Heuristiken hat den Vorteil, daß ihre Lösungsqualität für das untersuchte Problem ex ante abschätzbar ist. Leider ist dieser Ansatz bisher nur für einige Standardprobleme möglich. Für komplexe reale Problemstellungen sind Heuristiken zu entwickeln, die auf Erfahrungswissen und Intuition aufbauen. Eine Abschätzung der Lösungsgüte ist in diesem Fall, wenn überhaupt, nur ex post möglich. Für einen solchen Effizienztest setzt man dann wieder deskriptive Modelle ein.

Die Anwendung von Strategien basierend auf Erfahrungswissen ist auch das Feld der wissensbasierten Systeme, wie sie in letzter Zeit im Rahmen der künstlichen Intelligenz entwickelt wurden. Heuristiken beziehen sich hierbei nicht nur auf die Lösung eines bereits repräsentierten Problems, sondern auch schon auf seine Formulierung. So ist es bereits zu Beginn wichtig, Entscheidungen darüber zu treffen, wie ein komplexes Problem zu strukturieren ist, welche Nebenbedingungen überhaupt berücksichtigt werden sollten und welche Kriterien für die Qualität einer Lösung entscheidend sind. Erst wenn Antworten auf diese Fragen gefunden worden sind, kann mit der Lösungssuche im engeren Sinn begonnen werden. So ist die vorgeschlagene Hierarchisierung der Probleme der FS in OFP und ONS, wie sie im vorangegangenen Abschnitt vorgenommen wurde, und deren Dekomposition in einzelne Planungsstufen schon der erste Schritt zur Lösungsfindung. Wissensbasierte Systeme können zusammen mit simulativen und analytischen Techniken auch als hybride Systeme implementiert werden. In dieser Form werden Erfahrungswissen und analytisches bzw. simulatives Vorgehen miteinander verknüpft. Dies kann auf mehrere Arten geschehen. So kann beispielsweise eine analytischen Verfahren zugängliche Problemrepräsentation mit Hilfe von Erfahrungswissen formuliert werden, oder eine analytisch gefundene Lösung wird durch eine wissensbasierte Komponente evaluiert, oder aus Erfahrungswissen abgeleitete Strategien werden mit Hilfe der Simulation untersucht.

4.2.1. MATHEMATISCHE PROGRAMMIERUNG

Die mathematische Programmierung befaßt sich mit der optimalen Allokation von beschränkten Ressourcen und konkurrierenden Aktivitäten unter Berücksichtigung von einzuhaltenden Nebenbedingungen und somit mit kombinatorischen Optimierungsproblemen. Neben der Entwicklung von Lösungsverfahren für lineare Programmierungsprobleme (Dantzig 1963) sind viele zusätzliche Techniken auch für die Berücksichtigung von ganzzahligen Entscheidungsvariablen geschaffen worden, die das Anwendungsfeld der mathematischen Programmierung erweitert haben (Hillier und Liebermann 1974, Bradley et al. 1977). Dazu gehören neben allgemeinen Methoden der ganzzahligen Programmierung (Gomory 1958, Balas 1967) die Verfahren des Branch and Bound (Land und Doig 1960) in Verbindung mit der Lagrangean Relaxation und die dynamische Programmierung (Bellman 1957). Methoden der nicht linearen Programmierung werden u.a. in Mangasarian (1969) dargestellt. Alle diese Techniken sind sehr nützlich für die Lösung von Planungs- und Steuerungsproblemen bei FFS, die die effiziente Nutzung von knappen Ressourcen (Maschinen, Werkzeuge,

Paletten, Vorrichtungen etc.) unter der Berücksichtigung einer
großen Anzahl von Nebenbedingungen (Liefertermine, Bearbeitungsreihenfolge, Teilemix etc.) zum Gegenstand haben.

Leider hat sich aber durch die Ergebnisse der Komplexitätstheorie die Vermutung bestätigt, daß die meisten praktischen Problemstellungen, für die sich zwar Formulierungen in Form mathematischer Programme angeben lassen, wahrscheinlich mit den derzeit zur Verfügung stehenden Computerressourcen, aber auch in Zukunft nicht exakt lösbar sein werden (Garey und Johnson 1979). Darüber hinaus sind Heuristiken vom Anwender leichter zu durchschauen und werden daher auch eher von diesen akzeptiert. Entscheidungsträger ziehen es meistens vor, mit einem Problem zu leben, das sie nicht lösen können, als mit einer Lösung, die sie nicht verstehen. Auch aus diesen Gründen kommt bei der Beantwortung von Fragestellungen der dispositiven PL der heuristischen Problemlösungsmethodik aus praktischer Sicht eine größere Einsatzbreite als der Optimalplanungsmethodik zu.

Heuristiken sind Algorithmen, die aus einem intuitiven Ansatz zur Problemlösung abgeleitet werden können und dabei die spezielle Struktur des Problems ausnutzen, um zufriedenstellende Lösungen zu erzeugen. Dabei werden hauptsächlich drei Anforderungen an ein heuristisches Lösungsverfahren gestellt: geringer Rechenaufwand, hohe Lösungsqualität für fast alle Problemausprägungen und leichte Verständlichkeit. Heuristiken bauen auf den Prinzipien der Dekomposition, der Induktion und der Modellmanipulation auf. Ihre technische Ausführung kann sowohl konstruktiv als auch verbessernd vorgenommen werden (Silver et al. 1980, Müller-Merbach 1981).

Traditionell wird die Lösungsgüte einer Heuristik ex post durch Tests an Hand repräsentativer Beispielprobleme untersucht (Golden und Stewart 1985). Inzwischen gibt es zwei neuere Ansätze zur ex ante Evaluation, die worst-case Analyse (Fisher 1980) und die probabilistische Analyse (Karp 1976, Karp et. al. 1985). Mit einer worst-case Untersuchung läßt sich die maximale Abweichung der heuristischen Lösung vom Optimum für eine gege-

bene Problemklasse angeben. Bei der probabilistischen Analyse
wird eine Verteilungsfunktion für die Problemparameter angenommen und daraus werden probabilistische Eigenschaften der Heuristik abgeleitet. Auf diese Weise läßt sich eine Wahrscheinlichkeit angeben, mit der die Heuristik um eine gegebene Anzahl von
Prozentpunkten vom Optimum abweicht.

Der Vorteil von empirischen Tests liegt in der Genauigkeit der
Ergebnisse für die untersuchten Problemausprägungen. Für alle
anderen möglichen Datenkonstellationen, die von den Testproble-
men abweichen, lassen sich aber nur statistische Aussagen machen. Die worst-case Analyse kann die Güte einer Heuristik für
alle Problemausprägungen garantieren, in dem sie den schlechtesten Fall untersucht. Über die durchschnittliche Lösungsgüte
kann sie keine Angaben machen. Die probabilistische Analyse
versucht diesen Mangel zu korrigieren, indem die Untersuchung
auf typische Problemausprägungen abgestellt wird. Der Nachteil
ist hier der Zwang zur Angabe einer repräsentativen Verteilungsfunktion. Darüber hinaus sind die meisten ihrer Ergebnisse
approximativ und damit streng genommen auf endliche Problemausprägungen nicht direkt anwendbar. Eine Anwendung aller drei
Analysetechniken kann ihre individuellen Nachteile vermeiden
helfen und zu einer konkreteren Einschätzung der erwarteten Lösungsgüte führen.

4.2.2. WISSENSBASIERTE ANSÄTZE

Der traditionelle Softwareentwicklungsprozeß benutzt den Systementwickler als Problemübersetzer. Das Problem wird zunächst
in eine Problembeschreibung übersetzt, und dann wird ein meistens starrer und spezieller Algorithmus zur Lösung des Problems entwickelt. Das Ergebnis des Programms muß daraufhin wieder für den Anwender interpretiert werden, der schließlich die
Erklärung zur Lösung des Problems benutzt. Wissensbasierte Systeme (WBS) versuchen den Systementwickler möglichst weitgehend
aus dieser Schleife zu eliminieren, um dem Anwender eine flexible Problemlösung direkter möglich zu machen. Dabei wird der

Algorithmus durch bereichsunabhängige Problemlösungsmethoden und durch bereichsspezifisches Expertenwissen ersetzt (vgl. u.a. Hayes-Roth et al. 1983, Harmon und King 1985, Waterman 1986, Chorafas 1987, Schnupp und Nguyen Huu 1987). Die Vorteile von WBS gegenüber herkömmlichen Programmen liegen besonders in der expliziten Repräsentation von Problemstruktur und Lösungsmöglichkeiten, Integration verschiedener Repräsentationstypen, einfacher Überprüfbarkeit durch große Transparenz und flexibler Adaptierbarkeit.

Das Anwendungsfeld von WBS liegt in erster Linie bei Problemen, zu deren Lösung verfügbares heuristisches Wissen benötigt wird und dort besonders, wo sowohl eine gut abgrenzbare und überschaubare Problemumgebung mit Testmöglichkeiten für dieses Wissen vorliegt als auch Input und Output leicht beschreibbar sind. Dazu gehören analytisch schlecht strukturierbare Probleme und Probleme, für die das benötigte Wissen weit gestreut ist und deshalb selektiv ausgewählt werden muß. Nicht so geeignet für die Anwendung von WBS sind Problembereiche mit rein numerischen Strukturen, Bereiche mit nicht klar abgrenzbarem Wissen und Problemfelder, die besonders auf den Gebrauch von gesundem Menschenverstand aufbauen. Die wichtigsten Einsatzgebiete von WBS sind dabei Diagnose- und Konstruktionsprobleme, wobei Planungs- und Steuerungsprobleme neben Entwurfsproblemen der zweiten Klasse zuzurechnen sind. Unter Konstruktion versteht man hierbei die Suche nach einer Reihenfolge von Handlungen (Operatoren), die einen gegebenen Anfangszustand in einen gewünschten Zielzustand überführen. Die Entwicklung von WBS zur intelligenten Problemlösung kann bis zu den Arbeiten von Newell und Simon (1963) zurückverfolgt werden.

Eine Ausprägung von WBS sind Expertensysteme. Dies sind Computerprogramme, die Fähigkeiten von Experten abbilden sollen. Dazu gehören, ein Problem verstehen und lösen, die Lösung erklären, Wissen dynamisch erwerben und strukturieren, die eigene Kompetenz einschätzen und Randgebiete überblicken. Bisher entwickelte Expertensysteme können nur Probleme in sehr spezialisierten Anwendungsgebieten lösen und ihre Lösung in begrenztem

Umfang erklären (Kastner und Hong 1984, Puppe 1986). Da bei den in dieser Arbeit vorgestellten Systemen zur Lösung von Planungs- und Steuerungsproblemen bei weitem nicht alle obigen Anforderungen erfüllt werden, soll im folgenden der weniger spezifische Begriff der WBS auch weiterhin verwendet werden.

WBS zeichnen sich durch den Gebrauch von deklarativem Fakten- (Daten-) und prozeduralem heuristischem Wissen aus. Fakten kennzeichnen eine gegebene Problemstruktur, Wissen besteht aus der Kenntnis über die Bedeutung von Fakten, d.h. Wissen ist immer mit Prozeduren über seine Verwendung gekoppelt. Während man Fakten nur abfragen kann, lassen sich aus Wissen wiederum neue Fakten ableiten. Die grundsätzliche Struktur eines WBS ist in Abbildung 4.2.2.-1. dargestellt.

```
  ┌──────────────────────────────────────────────────────────────┐
  │                                                                │
  │                     FAKTEN, DATEN                              │
  │ E                                                              │
  │ R   ┌─────────────────────────────────────────────┐        W  │
  │ G   │                                             │        I  │
  │ E   │         INTERVIEWERKOMPONENTE               │        S  │
  │ B   │                                             │        S  │
  │ N   │                                             │        E  │
  │ I   │   ERKLÄRUNGS        ┌──────────┐  WISSENS   │        N  │
  │ S   │   KOMPONENTE        │ PROBLEM  │  ERWERBS   │           │
  │ S   │                     │ LÖSUNGS  │  KOMPONENTE│           │
  │ E   │                     │KOMPONENTE│            │           │
  │     └─────────────────────┴──────────┴───────────┘           │
  └──────────────────────────────────────────────────────────────┘
```

Abb. 4.2.2.-1.:   Struktur wissensbasierter Systeme

Die beiden geschlossenen Rechtecke bilden das mehr oder weniger bereichsunabhängige Steuersystem (Shell), während die außerhalb liegenden Elemente die anwendungsspezifische Wissensbasis repräsentieren. Diese enthält Daten (Faktenwissen), bereichsspezifisches Wissen (Expertenwissen) und Zwischen- bzw. Endergebnisse des Problemlösungsprozesses. Das Steuersystem umfaßt die

Wissenserwerbskomponente, die der Eingabe des bereichsspezifischen Wissens dient, die Interviewerkomponente, die, falls nötig, den Dialog mit der Umwelt führt, die Erklärungskomponente, die auf Bedarf den Lösungsweg transparent machen soll, und die Problemlösungskomponente (Inferenzmechanismus), die die Strategie der Lösungssuche festlegt (wann und wie sollen Operatoren angewendet werden) und damit den Lösungsprozeß steuert (nach Puppe 1986). WBS arbeiten auf den drei Ebenen Daten, Wissensbasis und Steuerung, während konventionelle Programme Wissen nur auf den beiden Ebenen Daten und Programm verarbeiten.

Beispiele für spezielle Shells sind Emycin (Buchanan und Shortliffe 1984) oder OPS5 (Forgy 1981). Um eine größere Bereichsunabhängigkeit des Steuersystems zu erreichen, wurden solche Umgebungen wie Environment/VM (Hirsch et al. 1985, Hirsch et al 1986), KEE (Fikes und Kehler 1985) und LOOPS (Stefik et al. 1983) geschaffen. Zur Entwicklung dieser Systeme werden hauptsächlich funktionale (Lisp: McCarty et al. 1962) und relationale bzw. logische (Prolog: Roussel 1975, Kowalski 1974, Pereira et al. 1978) Programmiersprachen eingesetzt.

Um Probleme der FS mit Hilfe von WBS bearbeiten zu können, muß zunächst einmal ein symbolisches Modell der Realität, das Weltmodell, formuliert und repräsentiert werden. Die Erzeugungsfunktion eines Steuerungssystems besteht nun darin, eine Reihenfolge von Operatoren anzugeben, die den Anfangszustand des Weltmodells in den gewünschten Zielzustand umwandelt. Um den Aufgaben eines solchen Systems gerecht zu werden, sind neben dem Weltmodell ein Aktionsmodell und ein Inferenzsystem zu entwickeln.

Das Weltmodell repräsentiert deklaratives Wissen auf Datenebene und enthält die relevanten Beschreibungsmerkmale der Problemstruktur. Dieses Wissen bezieht sich gewöhnlich auf festgelegte Eigenschaften von Objekten und ihre Beziehungen untereinander wie z.B. Maschinen, Aufträge und Werkzeuge mit ihren paarweisen Verknüpfungen, und dynamische Ausprägungen des Problems, wie Werkstückeigenschaften, Maschinenzustand und Systemziele. Die gebräuchlichsten Repräsentationsformen für der Veränderung unterliegenden Eigenschaften und Beziehungen von Objekten bauen auf der Prädikatenlogik erster Ordnung auf. Nicht veränderbare Eigenschaften und Beziehungen von Objekten können durch semantische Netzwerke oder Frames dargestellt werden. Semantische Netze repräsentieren Wissen als Digraph mit Knoten und Pfeilen (Brachman 1979). Die Knoten entsprechen Typen oder Objekten und die Pfeile binären Relationen oder Prädikaten auf Typen und Objekten. Eine andere Repräsentationsform basiert auf Frames. Ein Frame ist eine komplexe Datenstruktur, um stereotype Situationen zu repräsentieren (Fikes und Kehler 1985). Frames haben Slots, mit denen die repräsentierten Objekte näher beschrieben werden können. Sowohl mit ihnen als auch mit semantischen Netzen können Eigenschaften vererbt werden. Weiterhin können auch in dieser Form Nebenbedingungen berücksichtigt werden, die das Eintreten bestimmter Zustände ausschließen.

Das Aktionsmodell repräsentiert die Entscheidungslogik und umfaßt den Bereich des prozeduralen Wissens. Es formalisiert im Rahmen von Produktionsregeln (wenn-dann) die Beschreibung der Operatoren und ihrer Anwendbarkeit auf den jeweiligen Ausgangszustand und den daraus resultierenden Folgezustand des Weltmodells. Jede Aktion wird durch ihre Eingabe und die erzeugte Ausgabe beschrieben. Die Eingabe wird durch die Prädikatenformel des Weltmodells repräsentiert, die Ausgabe definiert die Literale, die entfernt bzw. hinzugefügt werden müssen. Mit Hilfe von Produktionsregeln läßt sich neben gebräuchlichen Relationen auch heuristisches Wissen repräsentieren.

Das Inferenzsystem, die Implementierung eines Logikkalküls, bildet die Steuerungseinheit des WBS. Es ist für die Bestimmung der Operatoren und ihrer Reihenfolge, die den Ausgangszustand in den Zielzustand überführen, verantwortlich (Genesereth und Ginsberg 1985). Idealerweise besteht das Inferenzsystem aus den Komponenten Interpreter (wendet Regeln an), Scheduler (enthält Meta-Wissen über die Anwendung der Regeln), Consistency Enforcer (reagiert auf neue Umweltsituationen) und Justifier (rationalisiert und erklärt die Lösungen). Die Architektur des Infe-

44

renzmechanismus, d.h. die Aufbereitung des Suchraumes, sollte zur Vermeidung einer kombinatorischen Explosion entsprechend dem Anwendungsfeld des WBS festgelegt werden. Für Planungs- und Steuerungsprobleme bieten sich dabei die folgenden Strategien an.

- Dekomposition: dies ist die Realisierung des klassischen Prinzips "teile und herrsche". Sie ist immer dann anwendbar, wenn eine Zerlegung des Problems in Teilprobleme möglich ist, und die globale Lösung aus der Lösung der Teilprobleme reproduzierbar bleibt.

- Erzeuge und Teste: dabei wird jedes erzeugte Zwischenergebnis in bezug auf die Lösungsfindung analysiert und nicht gewünschte Zwischenergebnisse können aus dem Suchraum frühzeitig ausgeschlossen werden.

- Einführung von Beschränkungen: hierbei werden lokale Nebenbedingungen für die Lösung eingeführt; dabei werden zunächst die Parameter festgelegt, deren Wertebereich am weitesten eingeschränkt ist. Die Anwendung der Operatoren auf die strengsten Nebenbedingungen erzeugt zusätzlich Beschränkungen für noch nicht festgelegte Parameter. Dieses schrittweise Eingrenzen der Lösung erfolgt so lange, bis allen Parametern Werte zugewiesen wurden.

- Hierarchisierung: im Gegensatz zur horizontalen Dekomposition werden die Probleme hier in vertikaler Richtung zerlegt. Entscheidungen auf höherer Ebene grenzen den Entscheidungsbereich auf unteren Ebenen ein.

Der abhängig von der benutzten Strategie erzeugte Zustandsraum wird durch Methoden der Vorwärts- oder Rückwärtsverkettung abgearbeitet. Bei der datengetriebenen Vorwärtsverkettung beginnt man beim Ausgangszustand und sucht über Zwischenzustände den gewünschten Zielzustand, während die zielgerichtete Rückwärtsverkettung mit dem Zielzustand beginnt und einen Weg rückwärts über Zwischenzustände zum Ausgangszustand sucht. Um die Auswahl der Operatoren und Zustände gezielt vornehmen zu können und damit eine blinde Suche zu vermeiden, sollte man sich soweit wie möglich des Meta-Wissens über die Anwendung von Operatoren bedienen.

5. PROBLEME DER SYSTEMINITIALISIERUNG

Zu Beginn der Fertigung muß sich das FFS in einem Zustand befinden, der die physische Aufnahme der Produktion erlaubt. Die
zu fertigenden Teile müssen bekannt sein und sich am Systemeingang logisch in Wartestellung befinden. Paletten, Vorrichtungen, Transporteinrichtungen, NC-Programme und die für die einzelnen Operationen benötigten Maschinen müssen verfügbar sein.
Alle erforderlichen Werkzeuge sollten zum richtigen Zeitpunkt
im entsprechenden Magazin vorhanden sein. Die Schaffung dieser
Fertigungsvoraussetzungen wird durch die Initialisierung des
Systems erreicht.

Die Systeminitialisierung, d.h. die physische Vorbereitung des
FFS für die Produktion, wird für ein Zeitintervall durchgeführt, in dem eine Teilmenge eines gegebenen Fertigungsvorrats
produziert werden soll. Für diesen Zeitraum müssen ausgehend
von der Menge der freigegebenen Aufträge Entscheidungen über
(1) die Auftragsbildung, (2) die zu wählende Maschinengruppierung und (3) die Werkzeugbestückung der einzelnen Maschinen getroffen werden. Die Ziele der Systeminitialisierung werden aus
den Oberzielen der dispositiven PL abgeleitet. Beispielsweise
kann auf dieser Ebene neben einer möglichst hohen und gleichmäßigen Auslastung der vorhandenen Ressourcen eine Minimierung
der Transportvorgänge und eine Maximierung von Routenflexibilität, Betriebsflexibilität und erwartetem Systemdurchsatz angestrebt werden. Besonderes Augenmerk wird in der Initialisierungsphase der Bestimmung des Arbeitsvolumens und seiner Verteilung auf die einzelnen Maschinen bzw. Maschinengruppen ge-
widmet. Eine Grund dafür liegt darin, daß für bestimmte Ferti-
gungsstrukturen die Güte der Planungsentscheidungen maßgeblich
aus der Zuordnung des Arbeitsvolumens zu den gegebenen Ressourcen ableitbar ist. So ist beispielsweise für die taktgebundene
Fließfertigung bekannt, daß eine ausgeglichene Arbeitsverteilung über die Maschinen sowohl den Systemdurchsatz maximiert
als auch Leerzeiten und Zwischenlagerbestände minimiert (Ignall
1965).

Zur Auftragsbildung müssen die aktuell zu fertigenden Teile
nach Art und Anzahl bestimmt werden. Für die Maschinengruppierung sind die einzelnen Maschinen so zu Teilmengen zusammenzu-
fassen, daß alle Maschinen einer Gruppe entweder über den gleichen Werkzeugvorrat verfügen (Pooling) oder ein ausgewähltes
Teilespektrum eine möglichst geringe Anzahl von Maschinengruppen zur Bearbeitung benötigt (Zellenbildung). Der Vorteil des
Pooling besteht in der Bildung von Redundanzen, um bei Ausfäl-
len von Maschinen das System in seiner Arbeitsweise möglichst
wenig zu beeinträchtigen, und in einer erhöhten Betriebsflexibilität. Zellenbildung ermöglicht eine Reduzierung der Transportvorgänge im System und eine Vereinfachung der Aufgaben der
Ablaufplanung. Zellenbildung und Pooling können auch kombiniert
angewendet werden. Hierbei wird das FFS zunächst in einzelne
Zellen zerlegt und darauf aufbauend wird dann für jede Zelle
das Pooling durchgeführt. Die Werkzeugbestückung gibt darüber
Auskunft, welche Maschinen bzw. Maschinengruppen mit welchen
Werkzeugen auszurüsten sind. Gesamtaufgabe der Systeminitialisierung ist es, für eine Auswahl von Aufträgen die Maschinen so
zu gruppieren und deren Magazine mit Werkzeugen zu bestücken,
daß man den jeweiligen Zielen der FS weitestgehend gerecht wird
(vgl. Abbildung 5.-1.).

Die meisten existierenden FFS zeichnen sich heute noch durch
eine geringe Maschinenflexibilität aus. Die kritischsten Einschränkungen sind dabei die beschränkte Kapazität der Magazine
zur Aufnahme von Werkzeugen und die oftmals mangelnden Möglichkeiten, den Werkzeugwechsel automatisch während des Systembetriebs auszuführen (vgl. Edghill und Cresswell 1985). Könnten
alle zur Bearbeitung des Teilespektrums, für das das FFS konfiguriert ist, benötigten Werkzeuge auch zu jedem Zeitpunkt an
den entsprechenden Maschinen verfügbar gemacht werden, würden
die Fragen der Initialisierung in der hier beschriebenen Form
an Bedeutung verlieren. Dann nämlich hätten alle Magazine eine
virtuell unbeschränkte Kapazität und die im folgenden unter
suchten Probleme würden in diesem Fall entweder nicht mehr existieren (Maschinengruppierung) oder könnten, wie später noch
genauer beschrieben wird, direkt auf der Ebene des Systembe-

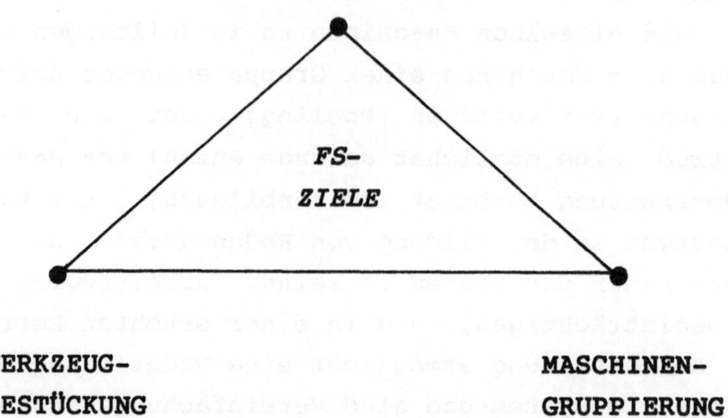

Abb. 5.-1.: Probleme der Systeminitialisierung

triebs gelöst werden (Auftragsbildung und Werkzeugbestückung).
Aus diesem Grund beziehen sich die Probleme der Systeminitialisierung, wie sie in diesem Abschnitt beschrieben werden, nur
auf solche FFS, bei denen die Kapazität der Werkzeugmagazine
die Entscheidungen, die bei der FS von FFS zu treffen sind,
schon im Rahmen der Fertigungsvorbereitung beschränkt.

Die Aufgaben der Initialisierung können entweder sequentiell
bzw. iterativ, aber teilweise auch simultan durchgeführt werden. Eine Veränderung einer gewählten Initialisierung kann
schicht-, tage- oder wochenweise erfolgen oder auch immer dann,
wenn Störungen, wie beispielsweise längerfristiger Maschinenausfall, sich plötzlich verändernde, nicht vorhersehbare Bearbeitungsanforderungen durch Eilaufträge oder Nacharbeit, auftreten. Neuinitialisierung ist auch immer dann angeraten, wenn
bestimmte Werkzeuge für einen längeren Zeitraum nicht mehr benötigt werden oder auf Grund schon abgeschlossener Aufträge
neue Werkstücke in das aktuell zu fertigende Teilespektrum aufgenommen werden können.

Charakteristisch für die Systeminitialisierung ist der off-line
Aspekt der Planungsentscheidungen. Dabei wird angenommen, daß
alle zu berücksichtigenden Parameter bekannt sind. Die meisten

der auftretenden Probleme lassen sich im Rahmen einer deterministischen Betrachtungsweise hinreichend genau formulieren, um
sie auf aggregierter Ebene durch deskriptive Modelle analysieren zu können. Auf detaillierter Ebene lassen sich Lösungen
konstruktiv mit Hilfe von exakten Verfahren oder Heuristiken
erzeugen.

5.1. AUFTRAGSBILDUNG

Das Problem der Auftragsbildung läßt sich entsprechend der qualitativen und darauf aufbauenden quantitativen Entscheidungen
in Teilemixbestimmung und Losgrößenbildung unterteilen. Teilemix und Losgröße eines jeden Teils bilden den Systemauftrag,
der unter einer gewählten Initialisierung zu fertigen ist. Die
Länge des entsprechenden Zeitintervalls wird durch die Dauer
bestimmt, die für die Bearbeitung des Systemauftrags benötigt
wird. Diese wiederum wird maßgeblich durch die Entscheidungen
bezüglich Maschinengruppierung und Werkzeugbestückung beeinflußt. Alle Modelle zur Auftragsbildung gehen von der Annahme
aus, daß die Produktionskapazität des FFS und insbesondere die
Anzahl der gleichzeitig im System verfügbaren Werkzeuge beschränkt ist, d.h. das gesamte zu fertigende Produktionsvolumen
muß auf mehrere Initialisierungsintervalle aufgeteilt werden.

Das Anwendungsfeld von FFS liegt besonders bei Fertigungsanforderungen, die durch ein breites Teilespektrum und kleine bis
mittlere Losgrößen geprägt sind. Hätte ein System, das für eine
große Teilevielfalt ausgelegt ist, nur einen einzigen Teiletyp
zu produzieren, so würde eine große Anzahl der verfügbaren Maschinen einen niedrigen Auslastungsgrad aufweisen. Durch die
simultane Fertigung eines geeigneten Teilemix kann man eine
bessere Nutzung der verfügbaren Ressourcen und damit eine höhere Produktivität des FFS erreichen. Die Bestimmung des gleichzeitig im System zu fertigenden Teilespektrums wird daher
hauptsächlich von dem Gedanken geleitet, Teiletypen mit eher
unterschiedlichen Bearbeitungsanforderungen für eine simultane
Fertigung auszuwählen als solche mit ähnlichen Anforderungen,

d.h. man versucht durch kompensatorische Effekte eine möglichst gleichmäßige und hohe Ausnutzung aller Ressourcentypen, insbesondere der Maschinen, zu erreichen. Es sei angemerkt, daß, im Gegensatz zum hier angesprochenen Vorgehen, für den Entwurf von FFS gerade die Ähnlichkeit von Teiletypen Grundlage der Entscheidungsfindung im Designprozeß ist.

Das Problem der Bestimmung des Teilemix besteht in der Zerlegung eines gegebenen Auftragsvorrats, der durch ein FFS gefertigt werden soll, in eine Menge von simultan zu fertigenden Teiletypen entsprechend vorgegebener Kriterien. Ziele des Zerlegungsprozesses sind neben der Reduzierung des Aufwands für die sich anschließenden Planungsstufen die Vereinfachung der physischen Teile- und Werkzeugbewegungen innerhalb des FFS, die Minimierung von Umrüst- und Lagerhaltungskosten und mit diesen der gesamten Produktionskosten. Gibt es Wahlmöglichkeiten bezüglich der Fertigung von Teilen durch das FFS und einer konventionellen Werkstatt, müssen vorab die entsprechenden Allokationsentscheidungen getroffen werden. Ein Ansatz zur Lösung dieses Problems wird in Avonts et al. (1987) beschrieben.

Gibt es auch einen Planungsspielraum bezüglich der Menge der zu fertigenden Einheiten eines jeden Teiletyps, tritt neben der Frage nach dem geeigneten Teilemix das Problem der Losgrößenbildung auf. Einer der großen Vorteile, die FFS bieten, ist die Senkung der Lagerbestände an Halb- und Fertigprodukten. Um dies zu erreichen, wird mit einem relativ kurzen Planungshorizont im Vergleich zur konventionellen Fertigung gearbeitet. Eine kürzere Planungsperiode führt zu kleineren Losgrößen, aber auch zu einer größeren Anzahl von Systemumstellungen auf ein neues Teilemix. Um das FFS aber langfristig effizient zu nutzen, ist es oftmals angeraten, ein Teilemix länger zu fertigen als es gerade die aktuelle Planungsperiode erfordert. Beide Zielsetzungen, d.h. die Minimierung der Lagerbestände und die Minimierung der Systemumstellungen, sind entgegengesetzt und müssen aufeinander abgestimmt werden. Ein Ansatz, in diesem Konflikt zu vermitteln, besteht darin, die Dauer, mit der ein gegebenes Teilemix gefertigt wird, im Rahmen einer vorausschauenden Planung durch die Einführung von Lagerschranken geeignet zu begrenzen und damit auf diese Art die Losgrößenbildung vorzunehmen (Schmidt 1988).

Da der Auftragsbildung im allgemeinen die Probleme der Maschinengruppierung und Werkzeugbestückung nachgestellt sind, müssen hier schon die Anforderungen der folgenden Planungsstufen berücksichtigt werden (Chakravarty und Shtup 1987). In diesem Sinne werden die Möglichkeiten der Auftragsbildung durch die Kapazität der Werkzeugmagazine und der Transporteinrichtungen, den Vorrat an Fertigungshilfsmitteln, vorgegebene Liefertermine und die Dauer der Teilebearbeitung beschränkt. Ein Teilemix darf zu seiner Fertigung nicht mehr Werkzeuge erfordern als gleichzeitig im System verfügbar sein können. Die Verteilung der Bearbeitungsdauern sollte eine möglichst effiziente Nutzung der gegebenen Ressourcen möglich machen.

Mit den gegebenen Annahmen und Restriktionen besteht das Problem der Auftragsbildung darin, einen gegebenen Fertigungsvorrat so auf eine Menge von Initialisierungsintervalle aufzuteilen, daß ein oder mehrere vorliegende Zielkriterien möglichst günstig erfüllt werden. Die zu untersuchenden Teilprobleme und die wichtigsten der dabei zu berücksichtigenden Rahmenbedingungen sind nochmals zusammenfassend in Abbildung 5.1.-1. dargestellt.

Auf aggregierter Ebene läßt sich das Problem der Auftragsbildung mit Hilfe der MVA-Technik unter der Annahme eines GNM analysieren (Cavaillé und Dubois 1982, Suri und Hildebrandt 1984). Buzacott und Shanthikumar (1980) zeigen, daß eine Auftragsbildung mit ausgeglichener Arbeitsverteilung bezüglich der Werkzeugmaschinen des FFS unter der Annahme einer hinreichend großen Anzahl von Werkstücken die erwartete Produktionsrate maximiert und wie ein entsprechender Kapazitätsabgleich mit Hilfe der linearen Programmierung durchgeführt werden kann. Stecke und Morin (1985) unterstützen dieses Ergebnis auf der Basis empirischer Untersuchungen für Zellen, die nur aus einer Maschine bestehen. Es läßt sich aber auch zeigen, daß, wenn die Anzahl

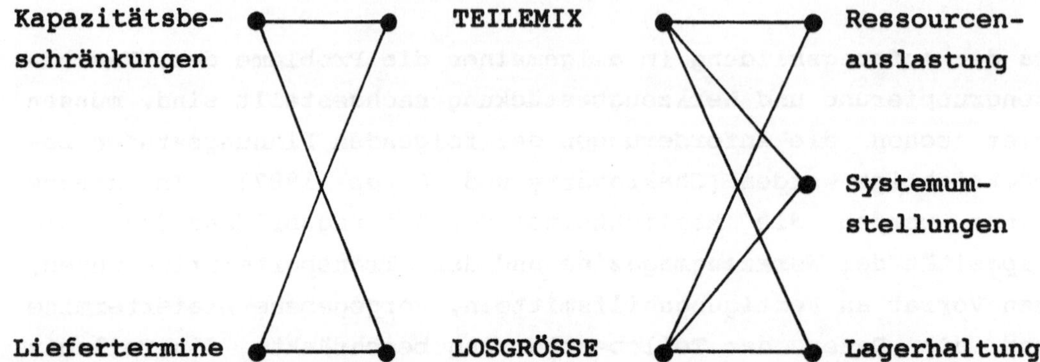

Abb. 5.1.-1.: Restriktionen und Ziele der Auftragsbildung

der Aufträge, die sich gleichzeitig im System befinden dürfen, durch die vorhandene Lager- oder Palettenkapazität stark beschränkt wird, eine gleichmäßige Inanspruchnahme der Fertigungskapazitäten nicht mehr optimal bezüglich der erwarteten Produktionsrate sein muß.

Die Bestimmung des Teilemix auf detaillierter Ebene läßt sich als Spezialfall der Auftragsbildung betrachten. Da die Bestimmung des Teilemix schon ein schwer lösbares kombinatorisches Optimierungsproblem ist, bauen die meisten Verfahren zur Auftragsbildung auf heuristischen Ansätzen auf. Whitney und Gaul (1984) haben ein statisches Modell zur Auftragsbildung entwickelt, zu dessen Lösung sie einen sequentiellen Ansatz auf der Basis einer Greedy-Heuristik vorschlagen. Für jedes Teil läßt sich eine Wahrscheinlichkeit angeben, mit der es im Teilemix der nächsten Planungsperiode zulässig gefertigt werden kann. Diese wiederum wird über subjektiv bestimmte Einzelwahrscheinlichkeiten gebildet, die von den gegebenen technologischen und zeitlichen Nebenbedingungen abhängen. Gewählt wird das Teilemix, das die höchste Gesamtwahrscheinlichkeit für eine erfolgreiche Produktion in der nächsten Planungsperiode aufweist. Nicht verplante Fertigungsanforderungen werden entsprechend auf folgende Initialisierungsperioden verschoben. Für die

Losgrößenbildung wird eine Gleichverteilung des Arbeitsvolumens auf die gegebenen Ressourcen angestrebt.

Im gleichen Sinne schlägt Hwang (1986) einen Ansatz zur Auftragsbildung vor, der ebenfalls eine ausgeglichene Arbeitsverteilung zum Ziel hat und gegebene technologische und organisatorische Beschränkungen, wie Anzahl der Werkzeugsteckplätze im System, verfügbare Nutzungsdauer eines Werkzeugs und vorgegebene Fertigungsendtermine der Teile, berücksichtigt. Ziel der Bestimmung des Teilemix ist die Maximierung des in einem Initialisierungsintervall zu fertigenden Produktionsvolumens und damit die approximative Minimierung der Initialisierungswechsel. Das Problem wird als ganzzahliges lineares Programm formuliert, wobei ausgehend vom gesamten zu fertigenden Teilespektrum einzelne Teile solange zu einem Auftrag zusammengefaßt werden, bis die Restriktionen nicht mehr eingehalten werden können. Die Anzahl der gebildeten Systemaufträge entspricht der Anzahl der Planungsperioden.

Stecke und Kim (1986) stellen einen Ansatz zur Auftragsbildung auf der Basis rollierender Planung (flexible Planungsperioden) vor. Dabei wird angenommen, daß Werkzeugwechsel auch während des Systembetriebs möglich ist und die Konfigurierung des FFS für die aktuelle Planungsperiode bereits feststeht. Der Beginn einer neuen Planungsperiode und damit auch das Ende einer vorausgehenden Periode werden dadurch bestimmt, daß bestimmte Aufträge abgeschlossen sind bzw. eine Systemstörung (Maschinenausfall, Eilaufträge, Nacharbeit etc.) eintritt. Aufbauend auf Ergebnissen des Maschinengruppierungsprozesses lassen sich auf aggregierter Ebene optimale Auslastungsgrade bezüglich der erwarteten Produktionsrate für die einzelnen Gruppen bestimmen (vgl. Stecke und Solberg 1985). Gesucht wird nun ein Plan für die jeweils aktuelle Periode, d.h. eine Festlegung des zu fertigenden Teilespektrums nach Art und Anzahl derart, daß die bekannten optimalen Auslastungsgrade für die jeweilige Systemkonfiguration möglichst wenig über- bzw. unterschritten werden und die gesamte Nachfrage unter Einbeziehung mehrerer Perioden auch befriedigt wird. Das Problem wird als gemischt ganzzahliges

Programm für jede Planungsperiode formuliert und zu seiner Lösung wird über die Anzahl der Perioden iteriert. Das Ergebnis
jeder Iteration legt damit auch die Werkzeugbestückung der Maschinen und die benötigten Fertigungshilfsmittel fest. Stecke
und Kim (1987, 1987a) testen ihren Ansatz durch die detaillierte Simulation eines Flow Shops und vergleichen ihn mit der Annahme von festen Planungsperioden. Dabei kommen sie zu dem Ergebnis, daß der flexible Ansatz eine höhere und konstantere Sy-
stemausnutzung ermöglicht.

5.2. MASCHINENGRUPPIERUNG

Zur Formulierung des Problems der Maschinengruppierung lassen
sich zwei Ansätze unterscheiden, je nachdem, ob Zellenbildung
oder Pooling im Mittelpunkt des Interesses steht. Ziel der Zellenbildung ist es, Familien gleichartiger Teile in einer einzigen Zelle zu fertigen, um damit den Materialfluß zu vereinfachen, bestimmte Bearbeitungsvorgänge direkt aneinander zu bin-
den, Zwischenlagerbestände zu senken und eine bessere Ferti-
gungskoordination zu erreichen. Ziel des Pooling ist es, durch
die Zusammenfassung von Maschinen zu Gruppen mit potentiell

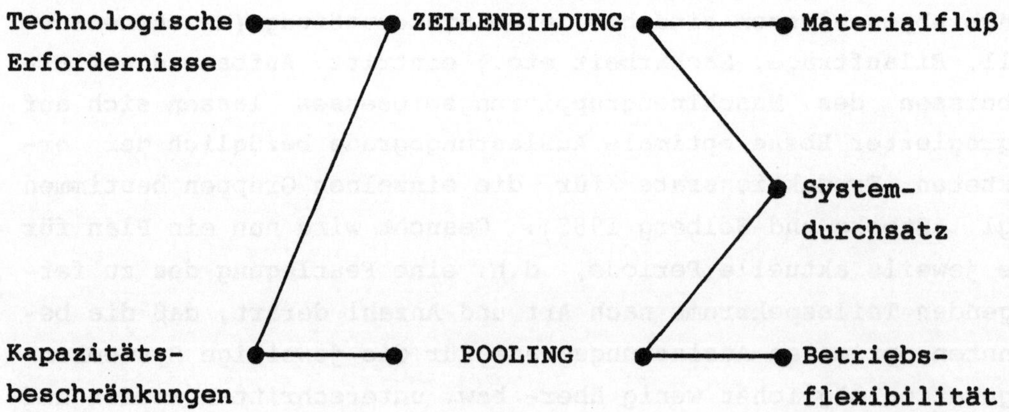

Abb. 5.2.-1.: Restriktionen und Ziele der Maschinengruppierung

identischer Werkzeugbestückung die Betriebsflexibilität des Systems zu erhöhen, die Blockierungsmöglichkeiten zu verringern und darüber hinaus einen großen Auftragsdurchsatz zu erreichen. Die wichtigsten Ziele und Restriktionen von Zellenbildung und Pooling sind in Abbildung 5.2.-1. dargestellt.

Die Anwendung des Zellenkonzepts bei FFS erscheint in vielen Fällen auf Grund des großen Informationsvolumens, der beschränkten Kapazität des Materialhandhabungssystems, technologischer Verbindungen von Maschinen und der besseren Überschaubarkeit des Systems geboten. Pooling läßt sich sowohl aufbauend auf der Zellenbildung als auch ohne a-priori-Dekomposition des FFS anwenden. Die Möglichkeiten von Zellenbildung und Pooling sind beispielhaft in Abbildung 5.2.-2. dargestellt.

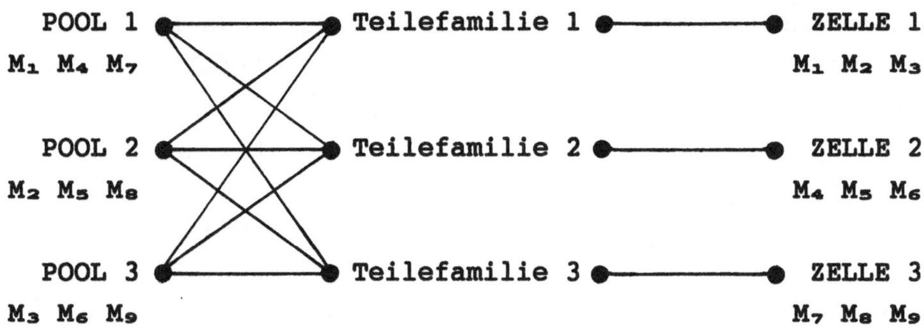

Abb. 5.2.-2.: Möglichkeiten von Pooling und Zellenbildung

5.2.1. ZELLENBILDUNG

Bei der Zellenbildung werden über die Bestimmung von Teilefamilien Maschinen so gruppiert, daß Fertigungseinheiten entstehen, die eine Komplettbearbeitung aller Teile einer Familie möglich machen. Die Ursprünge dieses Ansatzes liegen in der Gruppentechnologie zur Bestimmung von Teilefamilien (vgl. Mitrofanov 1966, Burbridge 1975 und Hitomi 1979). Eines ihrer grundlegenden Werkzeuge ist ein Klassifikations- und Codierungsschema (Ham et al. 1985). Dieses ermöglicht beispielsweise eine Beschreibung der Teile entsprechend ihrer geometrischen Form, des verwendeten Materials, der benötigten Werkzeuge und der erforderlichen Bearbeitungsgenauigkeit. Grob gesagt lassen sich alle zu untersuchenden Merkmale in Klassen von geometrischen und technologischen Attributen aufteilen. Jedes Teil i läßt sich durch einen Merkmalsvektor $X_i=(x_{i1},\ldots,x_{im})$ beschreiben, der den Code für das entsprechende Teil repräsentiert. Für jeweils zwei Codes X_i und X_j läßt sich die Distanz d_{ij} bestimmen, mit $d_{ii}=0$ (Reflexivität) $d_{ij}=d_{ji}$ (Symmetrie) und $d_{iq} \leq d_{ip}+d_{pq}$ (Dreiecksungleichung). Je nach verwendeter Metrik lassen sich verschiedene Definitionen der Distanzen angeben.

Im Rahmen der Mustererkennung werden zunächst die geometrischen Informationen über jedes einzelne Teil aus CAD-Daten bestimmt und damit in Schritt 1 die Teilegeometrie ermittelt. In Schritt 2 wird mit Hilfe des Klassifikations- und Codierungsschemas unter Hinzunahme technologischer Merkmale der Code für jedes einzelne Teil festgelegt. In Schritt 3 ermittelt man dann die paarweisen Distanzen und in Schritt 4 werden darauf aufbauend die Teilefamilien bestimmt. Je nach Problemstellung ist die Anzahl der zu bildenden Teilefamilien bereits fest vorgegeben oder sie unterliegt der Optimierung in Schritt 4.

Für die Zellenbildung werden an Stelle geometrischer und technologischer Merkmale Attribute, die aus dem untersuchten FFS resultieren, abgeleitet. Beispielsweise sind dies die benötigten Vorrichtungen, der Palettentyp, der Greifertyp des Roboters, die Maschinenzuführungseinrichtung, der Werkzeugtyp und die Fertigungstoleranzen. Mit Hilfe der Werte dieser einzelnen Attribute lassen sich dann die Codierung und die entsprechenden paarweisen Distanzen festlegen.

Für die Bestimmung der Teilefamilien bzw. der Fertigungseinheiten unter Berücksichtigung der gegebenen Parameter eignet sich die Cluster Analyse (vgl. Anderberg 1973, Everitt 1980) in der p-Median- und der Matrixformulierung. Der p-Median Ansatz baut auf dem Cluster Modell von Arthanari und Dodge (1981) auf. Er läßt sich mit Hilfe des folgenden parametrischen binären linearen Programms repräsentieren:

$$\min \quad \sum_{i \in I} \sum_{j \in I} d_{ij} Y_{ij} ; \qquad\qquad (5.-1.)$$

$$\sum_{j \in I} Y_{ij} = 1 , \qquad i \in I ; \qquad\qquad (5.-2.)$$

$$\sum_{j \in I} Y_{jj} = p ; \qquad\qquad (5.-3.)$$

$$Y_{ij} \leq Y_{jj} , \quad i,j \in I ; \qquad\qquad (5.-4.)$$

$$Y_{ij} \in \{0,1\}, \quad i,j \in I . \qquad\qquad (5.-5.)$$

mit I als der Menge der Teile und J als Menge der Familien, p als Anzahl der zu bildenden Teilefamilien und $Y_{ij}=1$, falls Teil i der Teilefamilie j zugeordnet wird und $Y_{ij}=0$, wenn nicht. (5.-2.) stellt sicher, daß jedes Teil genau einer Familie zugeordnet wird, (5.-3.) legt die Anzahl der Teilefamilien fest, (5.-4.) läßt die Zuordnung zur j-ten Teilefamilie nur dann zu, wenn das korrespondierende Element ein Median ist und (5.-5.) stellt die Ganzzahligkeit sicher. Kusiak (1983) gibt ein effizientes Subgradientenverfahren zur Lösung von (5.-1.) - (5.-5.) an.

Die Matrixformulierung unterscheidet sich von dem mathematischen Programm dahingehend, daß die Anzahl der Teilefamilien kein Parameter ist, sondern der Optimierung unterliegt. Gegeben ist die Matrix X bestehend aus den Merkmalsvektoren X_i. Gesucht ist nun die Matrix X' derart, daß durch geeignete Zeilen- und Spaltenoperationen Cluster sichtbar werden. Verschiedene Algorithmen zur Lösung dieses Problems werden von McCormick et al. (1972), Slagle et al. (1975), Bhat und Haupt (1976), King (1980) und Kusiak (1985) angegeben.

Ein Nachteil der auf Klassifizierungs- und Codierungsschemata aufbauenden Ansätze ist die Abhängigkeit von der verwendeten Repräsentationsform. Verschiedene Schemata für das gleiche Teilespektrum können zu ganz unterschiedlichen Ergebnissen führen. Ein zweiter Ansatz, der versucht, diesen Nachteil zu vermeiden, benutzt eine Teile-Maschinen-Inzidenzmatrix an Stelle eines Codierungsschemas (Chakravarty und Shtub 1984). Die Einträge in der Matrix sind von der Form 1 oder 0, je nachdem, ob ein Teil von einer bestimmten Maschine bearbeitet werden soll oder nicht. Ziel ist es nun, durch geeignete Matrixoperationen die positiven Einträge diagonal zu clustern. Der Vorteil dieser

Vorgehensweise besteht darin, daß mit dem Ergebnis der Teile-
gruppierung auch die Maschinengruppierung festliegt. Unter den
vielen vorgeschlagenen Algorithmen zur Lösung dieses Problems
ist das Rangordnungsverfahren von King und Nakornchai (1982)
das effizienteste.

Ein ähnlicher Ansatz für die Zellenbildung wird von Kumar et
al. (1986) vorgeschlagen. Dieser Ansatz gruppiert Teile nicht
auf Grund geometrischer Ähnlichkeiten, sondern berücksichtigt
ausschließlich technologische Verwandtschaft durch die Berücksichtigung der benötigten Werkzeugmaschinen und arbeitet auf
Graphen. Gegeben sei ein ungerichteter bewerteter bipartiter
Graph $G=(V,E)$ mit $V=V_1 \cup V_2$ und Bewertung a_{ij}, wobei $V_1=I$ und
$V_2=J$ ist. E ist eine Abbildung auf V von technologisch vorgegebenen Teile-Maschinen-Zuordnungen. Gesucht ist eine Zerlegung
von G in k isolierte Teilgraphen G_p, $p=1,\ldots,k$, so daß jeder
der Knoten in G in genau einem Teilgraphen G_p vorkommt und die
Summe der realisierten Gewichte maximal wird. Diese Problemstellung läßt sich durch das folgende mathematische Programm
beschreiben:

$$\max \Sigma_{i=1,\ldots,n-1} \Sigma_{j=i+1,\ldots,n} (\Sigma_{p=1,\ldots,k} a_{ij} x_{ip} x_{jp}); \quad (5.-6.)$$
$$\Sigma_{p=1,\ldots,k} x_{ip} = 1 , \quad i \in V ; \quad (5.-7.)$$
$$1 \leq \Sigma_{i \in V} x_{ip} \leq n , \quad p = 1,\ldots,k ; \quad (5.-8.)$$
$$x_{ip} \in \{0,1\}, \quad i \in V, \; p=1,\ldots,k. \quad (5.-9.)$$

x_{ip} und x_{jp} bezeichnen die Zuordnung von Teileknoten i bzw. Ma-
schinenknoten j zum p-ten Teilgraphen, (5.-7.) stellt sicher,
daß jedes Teil einer Maschinengruppe und jede Maschine einer
Teilegruppe zugeordnet wird, (5.-8.) beschränkt die Anzahl der
Teile und Maschinen in jeder Gruppe und (5.-9.) repräsentiert
die Zuordnungsmöglichkeiten. Das so formulierte binäre quadra-
tische Programm ist ein schwer lösbares kombinatorisches Optimierungsproblem. Kumar et al. (1986) geben ein heuristisches
Verfahren an, das auf der Lösung eines verwandten Transportpro-
blems basiert. Die damit gefundene Zerlegung wird dann im Rahmen eines Vertauschungsalgorithmus, der wiederum die Lösung von
linearen Transportproblemen als Subroutine benutzt, weiter ver-

58

bessert.

Kusiak (1986) geht bei seinem Vorgehen über die Bildung von Maschinengruppen und Teilefamilien hinaus, indem er auch noch die
benötigten Materialhandhabungssysteme festlegt. Zu berücksichtigende Nebenbedingungen sind dabei, daß die Bearbeitungskapa-
zität jeder Maschine eingehalten wird, eine Obergrenze für die
Häufigkeit von Transportvorgängen zu jeder Maschinenzelle nicht
überschritten wird, eine vorgegebene maximale Zellengröße die
Maschinengruppierung beschränkt und daß bestimmte Maschinen auf
Grund gegebener technologischer Bedingungen in einer Zelle gemeinsam vorkommen müssen. Das vorgeschlagene heuristische Grup-
pierungsverfahren ist eine Erweiterung des Algorithmus von Kusiak und Chow (1986).

5.2.2. POOLING

Das Poolingproblem läßt sich wie folgt formulieren. Zerlege
$j=1,\ldots,m$ gegebene Werkzeugmaschinen in $l=1,\ldots,g$ Maschinengruppen mit Gruppengröße $s(l)$ derart, daß alle Maschinen einer
Gruppe bezüglich ihrer Funktion auf Grund der möglichen Werkzeugbestückung potentiell identisch sind und das erwartete Produktionsvolumen durch die gegebene Zerlegung unter Berücksichtigung technologischer und kapazitativer Nebenbedingungen maximiert wird. Dabei wird angenommen, daß das Teilemix, das
gleichzeitig gefertigt werden soll, bereits bekannt ist. Stecke
(1986) schlägt zur Lösung des so formulierten Maschinengruppie-
rungsproblems den folgenden Ansatz vor.

Zur Bestimmung von optimaler Gruppenanzahl g^* und optimaler
Gruppengröße $s^*(l)$ wird auf aggregierter Ebene mit Hilfe des
GNM für jede Zerlegung bezüglich l das erwartete Produktionsvolumen bestimmt. Allgemeine Aussagen bezüglich der Optimalität
von Gruppenanzahl und Gruppengröße sind: je kleiner g desto
besser, und für gegebenes g je ungleicher die Gruppenstärke desto vorteilhafter (Stecke und Solberg 1985). Auf detaillierter
Ebene werden die beschränkte Kapazität der Werkzeugmagazine je-

der Maschine und die Eignung von Maschinentypen zur Bearbeitung
von Verrichtungen explizit berücksichtigt (Stecke 1983). Es sei
$I=\{i\,|\,i=1,\dots,b\}$ die Menge der durchzuführenden Verrichtungen,
$J=\{j\,|\,j=1,\dots,m\}$ die Menge der verfügbaren Werkzeugmaschinen,
$t(j)$ die Kapazität des Werkzeugmagazins der Maschine j und $d(i)$
die benötigte Magazinkapazität zur Durchführung der Verrichtung
i. Zunächst wird die minimale Gruppenanzahl g* mit Hilfe des
folgenden nicht linearen binären mathematischen Programms auf
Grund des zu bearbeitenden Teilespektrums gesucht:

$$\max \quad \Sigma_{j=1,\dots,m} \; \delta^{j} \; sl(j); \qquad\qquad (5.-10.)$$
$$sl(j) = t(j)-\Sigma_{i=1,\dots,b} \; d(i)x(i,j), \quad j\in J; \qquad (5.-11.)$$
$$\Sigma_{j=1,\dots,m} \; x(i,j) = 1, \qquad\qquad i\in I; \qquad (5.-12.)$$
$$x(i,j) \in \{0,1\}, \qquad\qquad i\in I,\; j\in J. \qquad (5.-13.)$$

$sl(j)$ ist die nicht verbrauchte Kapazität des Magazins der
j-ten Werkzeugmaschine und $\delta=\Sigma_{i=1,\dots,b}\;d(i)$. (5.-11.) definiert die durch eine Belegung verursachte Auslastung des jeweiligen Werkzeugmagazins, (5.-12.) stellt sicher, daß jede Verrichtung auch durchgeführt werden kann und (5.-13.) gibt die
Alternativen der Zuordnung von Verrichtungen zu Maschinen an.
Mit Hilfe von (5.-10.) findet man die technologisch zulässige,
optimale Gruppenanzahl g*. Ist diese nun bekannt, wird die optimale Gruppengröße s*(l) für l=1,...,g* entsprechend der Er-
kenntnisse aus der aggregierten Betrachtungsweise bestimmt.
Dies ist möglich, da man zeigen kann, daß die Lösung auf der
aggregierten Ebene robust bezüglich Veränderungen von Problem-
parametern ist. Nach der Lösung des Gruppierungsproblems besteht jede Gruppe aus Werkzeugmaschinen des gleichen Typs.

Ein praktischer Ansatz zur Lösung des Maschinengruppierungspro-
blems für FFS könnte wie folgt aussehen (vgl. Stecke 1986). Für
jeden Maschinentyp wird eine obere Grenze für die Anzahl der
benötigten Werkzeugsteckplätze durch alle auf diesen Typ zu bearbeitenden Verrichtungen bestimmt. Teilt man nun die Anzahl
der benötigten Werkzeugsteckplätze durch die durchschnittliche
Anzahl verfügbarer Steckplätze in jedem Werkzeugmagazin dieses
Typs und rundet den Quotienten nach oben, erhält man eine obere

Grenze für die Anzahl benötigter Werkzeugmaschinen jedes Typs zur Durchführung der gegebenen Verrichtungen. Die minimal benötigte Anzahl von Werkzeugmaschinen jedes Typs läßt sich durch Berücksichtigung von redundantem Werkzeugbedarf, die Zahl der Steckplatzüberschneidungen und die Restgröße des oben gebildeten Quotienten bestimmen. Entspricht die maximale Anzahl benötigter Werkzeugmaschinen der minimalen Anzahl, so kann die optimale Gruppenaufteilung für jeden Typ wieder aus der Lösung des aggregierten Problems bestimmt werden. Ist die obere Grenze größer als die untere Grenze, so ist vorher noch das nicht lineare binäre Programm (5.-10.) - (5.-13.) für den entsprechenden Typ zu lösen.

5.3. WERKZEUGBESTÜCKUNG

Jede Werkzeugmaschine ist mit einem Werkzeugmagazin mit beschränkter Kapazität ausgerüstet. Die Eignung der Maschine zur Durchführung von Verrichtungen wird durch die Werkzeuge festgelegt, die sich im Magazin befinden. Gesucht wird eine Aufteilung eines gegebenen Auftragsvorrats (Art und Anzahl von Teiletypen) auf ein System von bereits gruppierten oder noch ungruppierten Maschinen mit dem Ziel, das erwartete Produktionsvolumen zu maximieren und dabei möglichst robust auf Störungen reagieren zu können.

Der Lösung des Werkzeugzuordnungsproblems muß nicht immer eine Lösung des Gruppierungsproblems vorangehen, besonders dann nicht, wenn die technologische Struktur des FFS eine Vorgruppierung nicht möglich oder nicht als sinnvoll erscheinen läßt. Wird nur das Problem der Werkzeugzuordnung gelöst, ergibt sich aber daraus auch immer eine Gruppierungslösung; im Extremfall ist dies die Einzelmaschinenlösung. Für ungruppierte Maschinen wird im folgenden angenommen, daß die Anzahl der Gruppen gleich der Anzahl der gegebenen Werkzeugmaschinen ist und daß sich in jeder Gruppe genau eine Maschine befindet. Das Arbeitsvolumen, das jeder Maschinengruppe zugewiesen wird, ist proportional der relativen Häufigkeit, mit der ein Auftrag eine Maschinengruppe nachfragt, multipliziert mit der durchschnittlichen Bearbeitungsdauer der Verrichtungen, die von der entsprechenden Maschinengruppe durchgeführt werden. Wünschenswerte Ergebnisse der Werkzeugzuordnung sind ein möglichst gleichmäßiges Arbeitsvolumen für alle Maschinen zur Vermeidung von Engpässen, eine Werkzeugbestückung, die die Anzahl der Transportvorgänge im FFS minimiert, und eine Mehrfachzuordnung von Werkzeugen zu verschiedenen Maschinen, um die Routenflexibilität zu erhöhen (Stecke und Solberg 1981). Genauso wie die meisten der bisher erörterten Probleme der Systeminitialisierung ist auch das Problem der Werkzeugbestückung sowohl auf der aggregierten als auch auf der detaillierten Planungsebene untersucht worden. Die wichtigsten Rahmenbedingungen für die Lösung der Probleme der Werkzeugbestückung sind in Abbildung 5.3.-1. dargestellt.

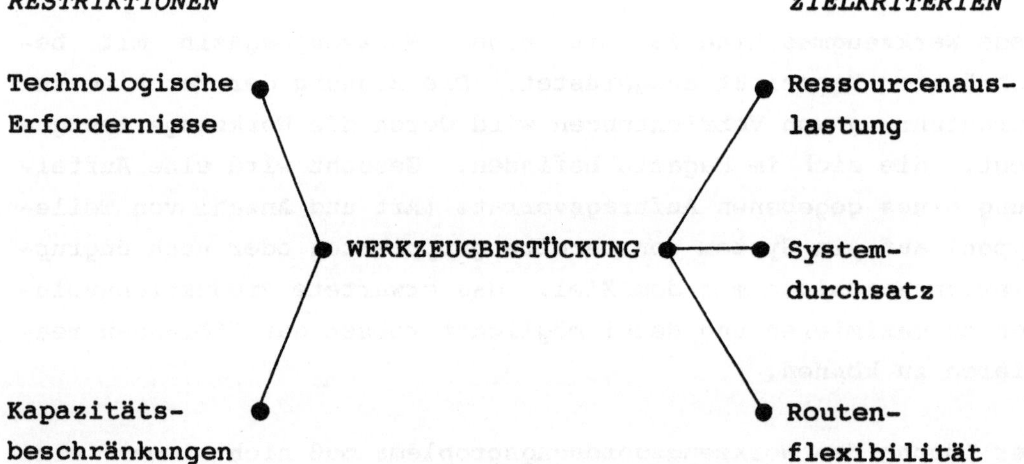

Abb. 5.3.-1.: Restriktionen und Ziele der Werkzeugbestückung

Mit Hilfe von Techniken der mathematischen Programmierung und der GNM-Analyse läßt sich wieder auf aggregierter Ebene für l=1,...,g das optimale Arbeitsvolumen x*(l) für jede Gruppe bestimmen. Allgemeine Aussagen auf aggregierter Ebene bezüglich der Anzahl von Werkzeugmaschinen in einer Gruppe und der Zuordnung des Arbeitsvolumens auf die einzelnen Gruppen über die Auswirkungen auf das erwartete Produktionsvolumen lauten: wenn alle Gruppen die gleiche Anzahl von Werkzeugmaschinen beinhalten (1), dann ist ein ausgeglichenes Arbeitsvolumen für jede Gruppe anzustreben (Buzacott und Shanthikumar 1980, Shanthikumar 1982; Stecke und Morin 1985; Yao 1985, 1987; Yao und Kim 1984, 1987); bei ungleicher Anzahl von Werkzeugmaschinen in jeder Gruppe (2), was einer besseren Konfiguration entspricht, ist ein unausgeglichenes Arbeitsvolumen für jede Maschine optimal (vgl. Stecke und Solberg 1985, Stecke und Morin 1985, Yao 1985). Im Falle von (1) werden bei ausgeglichenem Arbeitsvolumen und den Annahmen eines ONM und nur einer Maschine in jeder Gruppe sowohl die Anzahl der Aufträge im System (Shantikumar und Stecke 1986; Yao 1985, 1987; Yao und Kim 1984, 1987) als auch die maximale Warteschlangenlänge (Yao 1985, 1987) und damit der Zwischenlagerbestand im System stochastisch minimiert. Das Ergebnis unter (2) basiert auf der Annahme, daß für jede Maschinengruppe ein Pufferlager existiert, dessen Kapazität nicht beschränkend wirkt, und daß sowohl die Transporteinrichtungen im System als auch die Be- und Entladestationen unendlich schnell arbeiten. Die Simulation einer Flow-Shop Konfiguration konnte dieses Ergebnis auf detaillierter Ebene bestätigen (Stecke und Kim 1987, 1987a).

Auf der detaillierten Ebene wird unter Berücksichtigung technologischer und kapazitativer Beschränkungen eine Zuordnung von Verrichtungen zu (gruppierten) Werkzeugmaschinen gesucht. Sind die Maschinen bereits gruppiert, so entspricht die Kapazität der Werkzeugmagazine einer Gruppe der Kapazität eines Magazins einer einzelnen Werkzeugmaschine dieser Gruppe. Die Zuordnung hat so zu erfolgen, daß eines oder mehrere der folgenden, teilweise aus der aggregierten Betrachtungsweise abgeleiteten Zielkriterien abhängig von der jeweiligen Problemstellung möglichst günstig erfüllt werden.

(a)   Maschinen sind nicht gruppiert:
(a1)   möglichst gleiches Arbeitsvolumen auf jeder Maschine;
(a2)   möglichst wenig Transportvorgänge von Maschine zu
        Maschine;
(a3)   möglichst dichte Auffüllung aller Magazine;
(a4)   möglichst viele Mehrfachzuordnungen von ausgewählten
        Verrichtungen.

(b)   Maschinen sind gruppiert:

(b1)   gleiches Arbeitsvolumen für alle Gruppen bei gleicher
        Gruppengröße;

(b2)   ungleiches Arbeitsvolumen für alle Gruppen bei unglei-
        cher Gruppengröße.

Lösungen auf der aggregierten Ebene mit Hilfe des GNM sind nur
für die Zielfunktionen (a1), (b1) und (b2) bekannt.

Die Qualität der Maschinengruppierung ist um so besser, je weniger Gruppen gebildet werden. Nun kann es aber auch vorkommen,
daß auf Grund der Anzahl der benötigten verschiedenen Werkzeuge
eine Gruppenbildung unmöglich ist. Für diesen Fall sollen die
Zielfunktionen (a3) und (a4) betrachtet werden, um die Flexibilität des Systems zu erhöhen (partielles Pooling). Das Zielkri-
terium (a2) versucht, die Transport- und Wartezeiten im System
zu minimieren. Es ist immer dann relevant, wenn die Transportzeiten im Vergleich zu den Bearbeitungszeiten groß sind und
auch dann, wenn das Materialhandhabungssystem einen Kapazitäts-
engpaß darstellt.

Jedes der so formulierten Probleme läßt sich wiederum als ein
nicht lineares, binäres Programm repräsentieren (vgl. Stecke
1983, Berrada und Stecke 1986). Im Fall von nicht gruppierten
Maschinen wird die Formulierung der Nebenbedingungen aus (5.-
11.) - (5.-13.) übernommen mit dem Unterschied, daß (5.-11.) in
die Form $\Sigma_{i-1,\ldots,b}\, d(i)x(i,j) \le t(j)$ überführt und auf die Zielfunktionen (a1) - (a4) angewendet wird. Im Fall (a1) muß man
zur Berücksichtigung einer möglichst gleichmäßigen Auslastung
aller Maschinen noch die Variable $r(j) = \Sigma_{i-1,\ldots,b}$
$a(i)p(i,j)x(i,j)$ für $j=1,\ldots,m$ einführen. $a(i)$ bezeichnet die
relative Produktionsquote von Verrichtung i, $p(i,j)$ ihre Bearbeitungsdauer auf Maschine j und $r(j)$ beschreibt damit das relative zeitliche Arbeitsvolumen der Maschine j. Im Fall von
gruppierten Maschinen betrachtet man jede Gruppe als eine Maschine und übernimmt (5.-11.) - (5.-13.) mit der oben genannten
Modifikation und $r(j)$ in die Programmformulierung. Nach der Lösung des Werkzeugzuordnungsproblems für gruppierte Maschinen
sind alle Maschinen einer Gruppe funktional identisch. Die so

formulierten nicht linearen, gemischt ganzzahligen Programme
lassen sich zwar für eingeschränkte Problemgrößen auf Großrech-
nern exakt lösen, doch für zeitkritische Anforderungen in einer
Mikrocomputerumgebung erscheint ein solches Vorgehen ungeeignet.

Eine Minimierung der Transportvorgänge im System kann eine sehr
ungleiche Maschineninanspruchnahme bedeuten, und eine möglichst
gleichmäßige Maschinenauslastung kann eine große Anzahl von
Teilebewegungen zwischen den einzelnen Maschinen bedingen. Zur
Vermeidung der isolierten Betrachtungsweise dieser beiden Zielkriterien schlagen Ammons et al. (1985) eine integrierte Betrachtungsweise vor. Dabei wird für jede der beiden Zielfunktionen ein problemabhängiger, subjektiver Gewichtungsfaktor
eingeführt, so daß ein Kompromiß zwischen gleichmäßiger Maschinenauslastung und geringer Anzahl von Transportvorgängen erreicht werden kann. Zur Lösung des so formulierten Optimie-
rungsproblems wird ein heuristisches Zwei-Phasen-Verfahren vorgeschlagen. Shanker und Tzen (1985) untersuchen das Werkzeugzu-
ordnungsproblem im gleichen Sinne mit der Erweiterung, daß Liefertermine der Teile schon in der Initialisierungsphase berücksichtigt werden und geben ebenfalls heuristische Verfahren zu
seiner Lösung an.

Kusiak (1985a) schlägt eine Vereinfachung des Problems durch
eine allgemeine lineare Formulierung vor mit dem Ziel, die Gesamtkosten der Durchführung aller Verrichtungen zu minimieren
und dabei zeitlich begrenzte Verfügbarkeit von Maschinen, beschränkte Lebensdauer der Werkzeuge und Beschränkungen von re-
dundanten Zuordnungen zu berücksichtigen. Abweichend bzw.
ergänzend zu der schon bekannten Notation sei a(i) die Anzahl
der Verrichtungen des Typs i, c(i,j) die Kosten der Durchführung der Verrichtung i durch Maschinengruppe j, p(i,j) die entsprechenden Bearbeitungsdauern, b(j) die verfügbare Bearbei-
tungszeit von j, u(i) die maximale Anzahl von Gruppen, durch
die die Verrichtung i bearbeitet werden soll, und r(i,j) die
erwartete Lebensdauer eines Werkzeugs, das zur Bearbeitung von
Teiletyp i auf Maschinengruppe j eingesetzt wird. Damit ergibt

sich das folgende gemischt ganzzahlige Programm:

$$\min \Sigma_{i\in I}\ \Sigma_{j\in J}\ c(i,j)y(i,j)\ ; \qquad\qquad\qquad (5.-14.)$$
$$\Sigma_{j\in J}\ y(i,j) \qquad\quad = a(i)\ , \qquad\qquad i\in I; \qquad (5.-15.)$$
$$\Sigma_{i\in I}\ p(i,j)y(i,j) \le b(j)\ , \qquad\qquad j\in J; \qquad (5.-16.)$$
$$\Sigma_{i\in I}\ d(i)x(i,j) \quad\ \le t(j)\ , \qquad\qquad j\in J; \qquad (5.-17.)$$
$$p(i,j)y(i,j) \le r(i,j)x(i,j)\ , \quad i\in I, j\in J; \qquad (5.-18.)$$
$$\Sigma_{j\in J}\ x(i,j) \qquad\quad \le u(i)\ , \qquad\qquad i\in I; \qquad (5.-19.)$$
$$x(i,j) \qquad\qquad \in \{0,1\}\ , \qquad i\in I, j\in J; \qquad (5.-20.)$$
$$y(i,j) \qquad\qquad \ge 0,\ \text{ganzzahlig},\quad i\in I, j\in J; \qquad (5.-21.)$$

$y(i,j)$ gibt die Anzahl der Verrichtungen des Typs i an, die auf
Maschinengruppe j bearbeitet werden. (5.-15.) stellt sicher,
daß alle Verrichtungen in ihrer gegebenen Anzahl durchgeführt
werden, (5.-16.) beschränkt die zeitliche Nutzung jeder Maschinengruppe, (5.-17.) berücksichtigt die Magazinkapazitäten,
(5.-18.) die Lebensdauer der Werkzeuge und (5.-19.) begrenzt
die Mehrfachzuordnung von Werkzeugen. Kusiak weist auf die rechentechnischen Schwierigkeiten einer Lösungsfindung hin und
schlägt Subgradientenverfahren vor, da sie auf Grund ihres primalen Vorgehens nur im zulässigen Bereich operieren und bei Abbruch die Qualität der bis dahin gefundenen Lösung im Vergleich
zum Optimum bekannt ist. Eine Erweiterung dieses Ansatzes ist
in der Arbeit von Sarin und Chen (1987) zu sehen.

Einen anderen Weg zur Vereinfachung des Problems der Werkzeugzuordnung wird von Stecke und Talbot (1985) vorgeschlagen. Ausgehend von der Lösung des Gruppierungsproblems werden heuristische Verfahren, die auf der Lösung des Bin-Packing Problems basieren (vgl. Coffman et al. 1984), für den Fall gruppierter und
ungruppierter Maschinen angegeben. Für FFS mit gruppierten Maschinen werden die Zielfunktionen (b1), (b2) sowie (a2) bezogen
auf Gruppen betrachtet. Für (a2) werden zwei heuristische Verfahren angegeben, deren Nachteil darin besteht, daß zwar die
Transportvorgänge tendenziell minimiert werden, sich jedoch
keine ideale Werkzeugzuordnung, wie sie aus der GNM-Analyse abgeleitet werden kann, ergibt. Aus diesem Grund werden für (b1)
und (b2) Heuristiken entwickelt, die möglichst wenig von den

Ergebnissen der GNM-Analyse für die Verteilung des Arbeitsvolumens auf die Maschinen abweichen. Im Fall von ungruppierten Maschinen wird nur noch nach zulässigen Plänen gesucht, wobei die Werkzeugzuordnung entsprechend vorgegebener Prioritäten für die Aufträge erfolgt.

Nicht immer werden alle Entscheidungen über die Werkzeugzuordnung zu Beginn einer Initialisierungsperiode getroffen. So ist es durchaus denkbar, daß die Magazine dynamisch in einem laufenden System mit Werkzeugen versorgt werden. Probleme dieser Art können dann auf der Ebene des Systembetriebs gelöst werden (Carrie und Perera 1986, Tang 1986).

6. PROBLEME DES SYSTEMBETRIEBS

Nach Abschluß der Systeminitialisierung ist eine Teilmenge der in der aktuellen Planungsperiode zu fertigenden Aufträge bekannt. Idealerweise sind dieses genau die Aufträge, für die die Initialisierung durchgeführt wurde, d.h. kein Auftrag kommt hinzu und kein Auftrag fällt weg. Die Maschinen sind gruppiert und jede Maschine jeder Gruppe ist mit dem gleichen Werkzeugvorrat ausgerüstet. Im Extremfall bestehen alle Maschinengruppen nur aus einer einzelnen Maschine. Alle zu bearbeitenden Aufträge betreten das System durch eine Eingabestation und verlassen es wieder über eine Ausgabestation. Ziel der Planung des Systembetriebs ist es nun, aufbauend auf den Entscheidungen der Initialisierung, eine Belegung der Ressourcen des FFS zu erzeugen, die ein oder mehrere problemspezifische Zielkriterien möglichst günstig erfüllt.

Jeder der in einer Initialisierungsperiode zu fertigende Auftrag besteht aus einer Menge von Verrichtungen, deren Fertigungsreihenfolge den aus den Arbeitsgangfolgeplänen bekannten Vorrangbeziehungen unterliegt. Für die Durchführung aller Verrichtungen werden Werkzeuge benötigt, die in den Magazinen der einzelnen Maschinen vorrätig sind. Die Möglichkeiten der Auftragsbearbeitung liegen zwischen den folgenden beiden Extremfällen: alle Verrichtungen eines Auftrags lassen sich ohne Maschinenwechsel durchführen, und jede Verrichtung eines Auftrags muß auf einer anderen Maschine ausgeführt werden. Beide Fälle lassen sich insofern noch weiter unterscheiden, daß mehrere Maschinen Kandidaten für eine Verrichtungsdurchführung sind oder daß für jede Verrichtung nur eine einzige Maschine in Frage kommt.

Die im Rahmen des Systembetriebs formulierbaren Fragestellungen lassen sich .als Ablaufplanungsprobleme repräsentieren und in die Teilprobleme Einschleusung in das System, Routenwahl, Maschinenbelegung und Belegung des Materialhandhabungssystems innerhalb des Systems zerlegen. Für die Einschleusung müssen die Reihenfolge und die Zeitpunkte, in der bzw. zu denen die Werkstücke in das System eintreten, festgelegt werden. Die Maschinenbelegung hat die Aufgabe, den Werkstücken unter Berücksichtigung von Routenalternativen und den Möglichkeiten des Materialhandhabungssystems Maschinen entsprechend den zulässigen Arbeitsgangfolgeplänen zuzuordnen und darüber hinaus Bearbeitungsbeginn und Bearbeitungsende jeder Verrichtung auf allen zugeordneten Maschinen zeitlich zu fixieren. Ein Überblick über die wichtigsten Aufgaben des Systembetriebs wird in Abbildung 6.-1. gegeben.

Die Ziele des Systembetriebs müssen mit denen der übrigen Gebiete der dispositiven PL abgestimmt werden. In ihrer allgemeinsten Form beziehen sie sich immer auf gewinn- bzw. kostenorientierte Aspekte wie beispielsweise die Maximierung der Produktionsrate und die Minimierung der Zwischenlagerbestände im System unter der Einhaltung möglicher vorgegebener Endtermine. Um diese Zielsetzungen aber operational umsetzen zu können, werden sie durch sogenannte reguläre Kriterien ersetzt, die eine Funktion des Bearbeitungsendes der einzelnen Aufträge sind. Beispiele dafür sind die Minimierung der Durchlaufzeit aller Aufträge, die Minimierung von Verspätungen und Systemverweilzeiten, die Maximierung der Maschinenauslastung und die Minimierung der Terminabweichungen für eine just-in-time Fertigung.

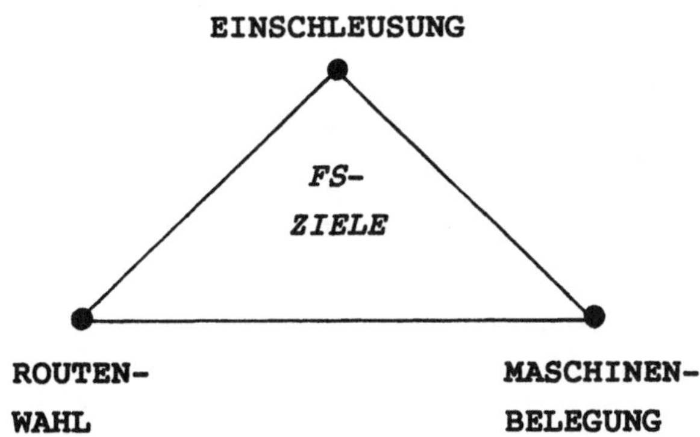

Abb. 6.-1.: Aufgaben des Systembetriebs

Mit den folgenden Definitionen lassen sich die gängigen regulären Zielkriterien für den Systembetrieb beschreiben:

p_{ij} : Bearbeitungsdauer des Auftrags j auf Maschine i;

P_i : Summe der Bearbeitungsdauern aller Aufträge j, die Maschine i zugewiesen werden;

d_j : vorgegebenes Fertigungsende für Auftrag j;

C_j : aktuelles Fertigungsende des Auftrags j;

R_j : Zeitpunkt des Systemeintritts von Auftrag j;

w_j : Gewichtungsfaktor für Auftrag j;

F_j : Verweilzeit des Auftrags j im System (C_j-R_j);

C_{max} : spätester aktueller Fertigungsendtermin aller Aufträge $(\max \{C_j \mid j=1,\ldots,n\})$;

L_j : Terminabweichung von Auftrag j (C_j-d_j);

T_j : Verspätung von Auftrag j $(\max \{0,L_j\})$;

W_j : Wartezeit von Auftrag j $(F_j - \Sigma_{i=1,\ldots,m}\, p_{ij})$;

I_i : Wartezeit der Maschine i $(C_{max} - P_i)$;

$N_P(t)$: Anzahl der zum Zeitpunkt t sich in Bearbeitung befindenden Aufträge;

U : durchschnittliche Maschinenauslastung $(\Sigma_{i=1,\ldots,m}\, P_i / m \cdot C_{max})$.

Die folgenden Zielkriterien sind äquivalent (Rinnooy Kan 1976):

(i)   Minimierung

- des spätesten aktuellen Fertigungsendtermins, d.h. der Durchlaufzeit aller Aufträge;
- der Summe der Maschinenwartezeiten;

- der gewichteten Summe der Maschinenwartezeiten;
  Maximierung
- der Anzahl der durchschnittlich zu jedem Zeitpunkt
  bearbeiteten Aufträge;
- der durchschnittlichen Maschinenauslastung;

(ii) Minimierung der Summe der bzw. der durchschnittlichen
- aktuellen Fertigungsendtermine;
- Auftragswartezeiten,
- Verweilzeiten;
- Terminabweichungen;

(iii) Minimierung der gewichteten Summe der
- aktuellen Fertigungsendtermine;
- Auftragswartezeiten;
- Verweilzeiten;
- Terminabweichungen;

(iv) Minimierung der
- Summe der Verspätungen;
- durchschnittlichen Verspätung.

Schließlich ist ein Ablaufplan, der bezüglich der maximal auftretenden Terminabweichung optimal ist, auch optimal bezüglich der maximal auftretenden Verspätung.

Auf Grund der beschriebenen Beziehungen der verschiedenen regulären Zielkriterien läßt sich die Suche nach optimalen Ablaufplänen drastisch reduzieren. Dazu müssen verschiedene problemspezifische Prämissen eingehalten werden, die sich von den Nebenbedingungen der konventionellen Werkstattfertigung weitgehend unterscheiden. Beispiele dafür sind Mehrfachbelegungen einer Maschine durch das gleiche Werkstück, geringe oder vernachlässigbare Rüstzeiten der Maschinen, Existenz von sich ersetzenden und sich ergänzenden Fertigungsmitteln, beschränkte Zwischenlager- und Transportkapazitäten sowie Berücksichtigung von Transportzeiten und verschiedener Routenalternativen.

Bei allen auftretenden Problemen des Systembetriebs unterscheidet man entsprechend der Informationen, die über die Inputdaten vorliegen, deterministische und stochastische bzw. statische und dynamische Ablaufplanungsprobleme. Ein Problem ist statisch, wenn die vorliegenden deterministischen oder stochastischen Inputdaten sich im Zeitverlauf nicht ändern. Lassen sich solche Änderungen nicht ausschließen, bezeichnet man ein Problem als dynamisch. So wird zwar im Rahmen der Systeminitialisierung eine Auswahl bezüglich der zu fertigenden Aufträge getroffen, doch ist in der Realität eine solche Auftragsbildung meistens nicht endgültig. Im Zeitverlauf ergeben sich immer noch Änderungen dadurch, daß bestimmte Aufträge storniert werden und neue Aufträge hinzukommen, wodurch das anfänglich statische Problem immer dynamische Strukturen aufweist. Das gleiche gilt für den ursprünglich deterministischen Aspekt der Problemformulierung. Durch Störungen des Systems, mögliche Nacharbeiten und andere nicht vorhersehbare Ereignisse ist eine deterministische Beschreibung der Probleme des Systembetriebs immer durch stochastische Aspekte überlagert.

Dynamisch-stochastische Fragestellungen lassen sich auch im Rahmen des Systembetriebs auf aggregierter Ebene mit Hilfe von WNM untersuchen (Buzacott und Yao 1986). Auf detaillierter Ebene können sie unter gewissen Annahmen in eine Serie von statisch-deterministischen Problemen verwandelt und auf rollierender Basis untersucht werden. Dabei wird zu jedem Zeitpunkt nur die gerade bekannte Problemsituation abgebildet und deterministisch beschrieben. Dies ist nötig, da sich die meisten der beim Systembetrieb auftretenden Probleme in ihrer detaillierten Form einer handhabbaren stochastischen Beschreibbarkeit entziehen. Der Realität entsprechende Verteilungsfunktionen der Inputparameter lassen sich meistens nicht angeben. Somit ist man auf einfache Schätzungen basierend auf Erfahrungswerten angewiesen, die dann als deterministische Größen interpretiert werden. Glücklicherweise ist mit der Automatisierung des Fertigungsprozesses und einem integrierten Informationsverbund die Verlagerung eines Großteils der stochastischen Rahmenbedingungen auf deterministische Strukturen zu beobachten. Auch durch die Trennung der Aufgaben der FS bei FFS in Systeminitialisierung und Systembetrieb wird versucht, dynamische Probleme einer statischen Betrachtungsweise zugänglicher zu machen.

Alle Probleme können in Abhängigkeit vom Systemstatus noch weiter in Probleme bei leeren und Probleme bei belegten Systemen unterschieden werden. Probleme bei leeren Systemen treten dann auf, wenn nach der Bearbeitung eines gegebenen Auftragsvorrats oder nach der Durchführung von Instandhaltungsaufgaben das gesamte System neu initialisiert werden muß. Probleme bei belegten Systemen müssen immer dann betrachtet werden, wenn entweder nicht das gesamte System neu initialisiert wird (hier wird nur ein Teil der verfügbaren Maschinen umgerüstet, während die Bearbeitung auf den nicht betroffenen Maschinen weitergeht) oder nicht vorhersehbare Eilaufträge eingeplant werden müssen, Nacharbeiten anfallen bzw. andere Systemstörungen auftreten.

Statische Problemformulierungen unter der Annahme von leeren Systemen bilden den Rahmen der OFP. Die Systemdynamik in belegten Systemen wird hauptsächlich auf der Ebene der ONS berücksichtigt. Einen Überblick über die Struktur der Ablaufplanungsprobleme im Rahmen von OFP und ONS gibt Abbildung 6.-2.

	DYNAMISCH	STATISCH
DETERMINISTISCH STOCHASTISCH	ONS	OFP

Abb. 6.-2.: Struktur der Ablaufplanungsprobleme bei leeren und belegten Systemen

Ein großer Teil der klassischen Literatur zur Ablaufplanung beschäftigt sich hauptsächlich mit der Erzeugung von off-line Plänen (vgl. u.a. Conway et al. 1967; Elmaghraby 1968; Baker 1974; Coffman 1976; Graham et al. 1979; Dempster et al. 1982; French 1982; Lawler et al. 1982; Forst 1984; Möhring et al. 1984, 1987; Blazewicz 1987; Blazewicz et al. 1988). Dabei wird versucht, alle Teilprobleme des Systembetriebs, wie Einschleusung, Routenwahl und Maschinenbelegung, simultan zu lösen. Für den Betrieb von FFS sind darüber hinaus besonders on-line Strategien, die auf sich verändernden Auftragscharakteristika und beobachtbaren Systemzuständen aufbauen, von großer Bedeutung (vgl. u.a. Day und Hottenstein 1970, Eilon 1979, Graves 1981).

Die meisten Fragestellungen der Ablaufplanung sind schon in ihrer einfachsten statisch-deterministischen Form äußerst schwierige kombinatorische Optimierungsprobleme. Die vorgeschlagenen exakten Lösungsverfahren basieren auf den Verfahren der begrenzten Enumeration in den Versionen des Backtracking, der dynamischen Programmierung und der ganzzahligen Programmierung. Auf Grund der Komplexität der Problemstellung, die proportional zur Anzahl der zu berücksichtigenden Problemparameter ist, bieten sich sowohl für die OFP als auch für die ONS unter den gegebenen zeitkritischen Rahmenbedingungen hauptsächlich heuristische Verfahren an. Diese bauen in ihrer statischen Formulierung entweder auf exakten Lösungen für relaxierte Probleme auf (vgl. u.a. Campbell et al. 1970, Ashour 1970, Röck und Schmidt 1983), benutzen begrenzte Suchstrategien im Rahmen von Branch-and-Bound Verfahren (Ibaraki 1976) oder wenden Listenalgorithmen zur Problemlösung an (Coffman 1976). Statische Heuristiken bieten sich zur Lösung des dynamischen Problems auf rollierender Basis an.

Der traditionelle und am einfachsten zu implementierende Ansatz zur Berücksichtigung der dynamischen Aspekte besteht darin, Ablaufplanungsprobleme als Reihenfolgeprobleme zu betrachten und durch die Anwendung von Prioritätsregeln zu lösen (vgl. Gere 1966, Moore und Wilson 1967, Day und Hottenstein 1970, Jones 1973, Baker 1974, Panwalker und Iskander 1977, Blackstone et al. 1982). Im Unterschied zu Listenalgorithmen, die alle zu bearbeitenden Aufträge in einer Warteschlange nach einem oder mehreren Kriterien sortieren und diese dann statisch abarbeiten, wird durch Prioritätsregeln nur der nächste zu bearbeitende Auftrag der aktuellen Warteschlange ausgewählt. Dieses Vorgehen läßt sich auch auf FFS übertragen sowohl zur Abarbeitung der Warteschlange am Systemeingang als auch der Warteschlangen

vor den einzelnen Maschinen bzw. Maschinengruppen (vgl. u.a.
Nof et al. 1979, Spur et al. 1981, Kusiak 1986, Stecke und Sol-
berg 1981, Carrie und Petsopoulos 1985, Shanker und Tzen 1985,
Han und McGinnis 1986, Denzler und Boe 1987).

Prioritätsregeln bestehen zum einen aus einer Vorschrift zur
Berechnung des Prioritätsindex Y und einer Vorschrift zur Abarbeitung der betrachteten Warteschlange entsprechend Y. Aufbauend auf den Informationen, die in die Berechnung von Y einfließen, unterscheidet man statische und dynamische Regeln einerseits und lokale und globale Regeln andererseits. Statische Regeln benutzen nur die zu Beginn der Planungsperiode schon bekannten Informationen, während dynamische Regeln die zu jedem
Zeitpunkt verfügbaren, aktuellen Informationen verarbeiten. Dynamische Regeln lassen sich noch weiter unterteilen in Regeln,
die nur den Istzustand des Systems betrachten, in Regeln, die
zukünftige Entwicklungen zu antizipieren versuchen, und in Regeln, die Feedback als Informationen benutzen. Eine Regel ist
lokal, wenn sie nur Informationen bezüglich der gerade zu bele-
genden Ressource benutzt. Eine Regel ist global, wenn sie versucht, die relevanten Informationen über alle Ressourcen des
Systems zu verarbeiten. Folgende Beispiele sollen diese Klassi-
fizierung verdeutlichen:

(1)   lokal - statisch;
(1.1.) GKOZ (gewichtete kürzeste Operationszeit zuerst),
        $Y_{GKOZ} = w_j/p_j$ mit w_j als Verspätungskosten von Auftrag j
        und p_j als seiner Bearbeitungsdauer auf der entsprechen-
        den Maschine.
(1.2.) FL (frühester Liefertermin zuerst),
        $Y_{FL} = d_j$.
(2)   lokal - dynamisch - Istzustand;
(2.1.) AP (kleinster aktueller Puffer zuerst);
(2.2.) AP/V (kleinster aktueller Puffer per verbleibender Ver-
        richtungsanzahl zuerst);
(2.3.) AP/B (kleinster aktueller Puffer per verbleibender Bear-
        beitungszeiten zuerst).

74

AP, AP/V und AP/B sind dynamische Varianten der FL-Regel.

(3)   global - dynamisch - Istzustand;

(3.1.) DMR (dynamische Mehrkriterien Regel).
der Prioritätsindex von DMR zum Zeitpunkt t für Auftrag j läßt sich wie folgt berechnen:

$$Y_{DMR}(t) = d_j - p_j + b \, (\Sigma p_i)^r + hA_N$$

b,r und h sind Einstellparameter, die auf dem beobachtbaren Systemzustand aufbauen. Σp_i ist die Summe der Bearbeitungsdauern in der Maschinenwarteschlange und A_N der Anteil des Arbeitsvolumens in der nächsten Warteschlange am gesamten Arbeitsvolumen, das sich im System befindet.

(4.)   global - dynamisch - antizipativ;

(4.1.) AWINQ (erwartetes gebundenes Arbeitsvolumen in der Warteschlange der möglichen Nachfolgemaschinen);

(4.2.) CoverT (größte Verspätungskosten per Bearbeitungsdauer);
Der Prioritätsindex von CoverT zum Zeitpunkt t läßt sich für Auftrag j wie folgt berechnen:

$$Y_{CoverT}(t) = u_j/p_j$$

mit $u_j = \max \{0, QW_j - \max \{0, d_j - r_j - t\}\}$

und W_j : geschätzte Wartezeit von Auftrag j;

        r_j : verbleibende Bearbeitungsdauer von Auftrag j;

        Q : Einstellparameter ($0 < Q \leq 1$), der auf dem antizipierten Systemzustand aufbaut.

Feedback kann durch eine dynamische Parametrisierung abgebildet werden. Dabei werden die Einstellparameter (vgl. CoverT und DMR) zur Kennzeichnung der Systemstati aufbauend auf Erfahrungswerten dynamisch verändert. Bei antizipierenden und auf Feedback aufbauenden Regeln besteht das größte Problem darin, verläßliche Informationen und Verfahren für deren regelgerechte Umsetzung bereitzustellen. Einige Ansätze zu seiner Lösung sind in Vepsalainen (1984) für spezielle Problemstellungen beschrieben.

In einigen wenigen Fällen liefert die Anwendung von Prioritätsregeln auch optimale Pläne (Baker 1974). Für Ein-Maschinenmodelle minimiert die kürzeste Operationszeitregel (KOZ) die durchschnittliche Verweilzeit aller Aufträge im System und die dazu äquivalenten Zielkriterien. Für das gleiche Modell minimiert die Regel, die alle Aufträge entsprechend nicht fallender Liefertermine einplant, die maximale auftretende Terminabweichung und ebenfalls die maximale auftretende Verspätung (Baker und Martin 1974). Die Güte von Prioritätsregeln unter anderen Modellannahmen läßt sich nur durch Simulationsläufe bestimmen. Dabei hat sich gezeigt, daß keine generellen Aussagen bezüglich der Qualität einer Prioritätsregel möglich sind, sondern diese immer von der zugrunde liegenden Problemsituation abhängt. Allgemein läßt sich jedoch sagen, daß vorausschauende dynamische, d.h. den jeweiligen Systemzustand berücksichtigende Regeln tendenziell bessere Ergebnisse liefern als statische Regeln (vgl. Vepsalainen 1984). Auf der anderen Seite ist es aber nicht immer so, daß die Berücksichtigung vorausschauender globaler Informationen eine Regel immer gut abschneiden läßt. Das Gegenteil kann manchmal der Fall sein. Ein Weg, die Eignung von Prioritätsregeln für bestimmte Planungssituationen zu untersuchen, ist die Bestimmung von Systemkennzahlen, wie sie aus der Netzplantechnik im Rahmen der Kapazitätsplanung bekannt sind (vgl. Kurtulus und Davis 1982, Kurtulus und Narula 1985).

Zusammenfassend läßt sich feststellen, daß die bei FFS auftretenden Probleme des Systembetriebs unter statischen Rahmenbedingungen immer simultan betrachtet werden können. Eine Zergliederung der Problemstellung in Einschleusung, Routenwahl und Maschinenbelegung hat das Ziel, die inhärenten dynamischen Aspekte besser berücksichtigen und die rechentechnischen Schwierigkeiten, die bei einer simultanen Lösung auftreten, besser handhaben zu können. Das für die OFP zugrunde liegende Modell ist im allgemeinen statisch und deterministisch. Die Probleme auf der Ebene der ONS werden entweder statisch-deterministisch auf rollierender Basis abgebildet, oder ihre Lösung erfolgt direkt durch die Anwendung von Prioritätsregeln. Die Ziele des Systembetriebs sind vielfältiger als die der

Initialisierung. Welche Kriterien Grundlage der jeweiligen Planungsentscheidungen sind, läßt sich nur aus Kenntnis der individuellen Problemsituation beantworten.

6.1. EINSCHLEUSUNG

Die Kapazität eines jeden FFS ist beschränkt. Werkstücke lassen sich nicht schneller in das System einlasten, als die sich im System befindenden Teile bearbeitet werden können. Das Problem der Einschleusung erlangt besondere Bedeutung im Rahmen der ONS und basiert auf der Fragestellung, in welcher Reihenfolge und zu welchen Zeitpunkten die Aufträge dem FFS zur Bearbeitung übergeben werden sollen, um den Zielen des Systembetriebs möglichst gerecht zu werden.

Aufträge können losweise, werkstückweise oder gruppenweise eingeschleust werden. Losweise Einlastung bedeutet streng genommen, alle Teile eines Loses direkt aufeinanderfolgend in das Fertigungssystem einzuschleusen. Dies hat jedoch den Nachteil, daß sich im FFS vor den einzelnen Maschinen zwangsweise lange Warteschlangen gleicher Werkstücke bilden und dadurch Stauungen hervorrufen. Dies bedingt wiederum lange Verweilzeiten der Aufträge im System und damit hohe Zwischenlagerbestände (Karmarkar et al. 1985). Auch die überlappende Fertigung eines Loses trägt kaum zur Lösung des Blockierungsproblems bei. Denn falls ein Werkstück sofort nach Fertigstellung eines Arbeitsvorganges zu dem Fertigungsmittel transportiert wird, auf welchem der folgende Arbeitsvorgang auszuführen ist, tritt dort eine erneute Warteschlangenbildung auf. Existieren mehrere sich ersetzende Maschinen, so kann ein Lossplitting durchgeführt werden, wobei Teile eines Loses gleichzeitig auf mehreren Maschinen bearbeitet werden. Sowohl Losüberlappung als auch Lossplitting bedingen in der Anlaufphase des Fertigungssystems Leerzeiten der Maschinen, die durch die Werkstücke des ersten Loses gar nicht oder erst durch spätere Arbeitsvorgänge belegt werden. Dieser Nachteil läßt sich vermeiden, wenn die Werkstücke einzeln, basierend auf der aktuellen Belegungssituation des FFS, aus unterschiedlichen Losen ausgewählt und eingelastet werden. Gruppenweise Einschleusung kommt dann in Frage, wenn verschiedene Aufträge in vorbestimmten relativen Anteilen gleichzeitig, z.B. für Montagezwecke, zu fertigen sind. In diesem Sinne sind auch periodische Einlastungsstrategien denkbar (Hitz 1979, 1980; Erschler et al. 1985), wobei zu allen Einschleusungszeitpunkten jeweils die gleichen Teile mit konstanten relativen Anteilen an das System übergeben werden. So betrachtet Hitz (1979) ein deterministisches Flow-Shop System mit lokalen Puffern und löst das Maschinenbelegungsproblem off line mit dem Ziel der Maximierung des Produktionsvolumens mit Hilfe der impliziten Enumeration exakt. Die optimalen Pläne entsprechen einer periodischen Einschleusungsstrategie, die die Wartezeiten der Engpaßmaschine minimiert. In manchen Fällen ist eine starre Einschleusungsreihenfolge angebracht, während in anderen Situationen flexible Realzeit-Entscheidungen in einer dynamischen Umgebung getroffen werden müssen.

Die Wahlmöglichkeit der Einlastungszeitpunkte ist eingeschränkt durch:
- die Spannzeit je Werkstück,
- die Anzahl der Spannplätze,
- die Pufferkapazität für palettierte Werkstücke an der Spannstation,
- die Verfügbarkeit von Spannmitteln und Paletten,
- die Verfügbarkeit von Arbeitskräften an Spannplätzen,
- die Transportkapazität und
- die Lagerkapazität.

Bezüglich der Personalverfügbarkeit ist insbesondere zu beachten, ob das Auf- und Abspannen von Werkstücken während der gesamten Planungsperiode erfolgen kann, oder ob es auf einen bestimmten Zeitraum, beispielsweise die Tagschicht, beschränkt ist.

Auf aggregierter Ebene läßt sich das Problem der Einschleusung mit Hilfe eines modifizierten beschränkten ONM modellieren. Bei einem reinen beschränkten ONM würden, falls das System voll ist, neu ankommende Werkstücke blockiert und für eine spätere

Einschleusung nicht mehr zur Verfügung stehen. Diese unrealistische Annahme wird dahingehend modifiziert, daß man jetzt annimmt, daß neu ankommende Werkstücke nicht sofort in das System eingeschleust werden müssen, sondern auch außerhalb des FFS gelagert werden können. Das resultierende Problem besteht nun nur noch aus einer einstufigen Warteschlange und kann mit Hilfe des CASQ (Controlled Arrival Single-Stage Queue) - Modells analysiert werden (Shanthikumar 1979; Buzacott und Shantikumar 1980, 1985), indem man eine Reihe von GNM mit variierender Auftragsanzahl untersucht (Schweitzer 1977). Handelt es sich dabei um ein Netzwerk, für das die Produktform nicht gilt, muß auf hybride Analyse-Simulationsmodelle zurückgegriffen werden (Shanthikumar und Sargent 1981, 1983; Shanthikumar und Chandra 1982). Das CASQ-Modell kann benutzt werden, um verschiedene Einschleusungsstrategien zu untersuchen, wie Einschleusung in festen Gruppengrößen, periodische Einlastung und Einlastung auf Grund aktueller freier Lagerplätze und Maschinenkapazität im System (Shanthikumar 1984).

Die Entscheidung, welcher Auftrag als nächster in das System eingeschleust werden soll, kann zwar auf Grund extern vorgegebener Prioritäten erfolgen, ist aber wahrscheinlich am besten fundiert, wenn sie auf detaillierten, aktuellen Statusinformationen und zukünftigen Systementwicklungen aufbaut. Aufgrund der Schwierigkeit, solche Informationen zu beschaffen und der dabei auftretenden Kosten, beschränkt man sich in der. Praxis oftmals auf einfache Entscheidungsregeln, die z.B. auf einer maximal gewünschten Auftragsanzahl bzw. freien Lagerplätzen im System aufbauen. Buzacott und Shanthikumar (1980) haben den Effekt solcher einfacher Regeln auf verschiedene Leistungsmerkmale des Systems auf aggregierter Ebene mit Hilfe von WNM untersucht und kommen zu dem naheliegenden Ergebnis, daß der Umfang der berücksichtigten Informationen die Qualität der gefundenen Lösung wesentlich beeinflußt.

Buzacott (1976) vergleicht für ein System mit zwei identischen Maschinen und zufallsgenerierten Auftragsrouten die folgenden einfachen und kurzsichtigen Einschleusungsstrategien:

(i) Einschleusung, sobald eine vom Auftrag benötigte Warteschlangenposition frei wird,

(ii) wie (i) mit der zusätzlichen Restriktion, daß nur die ersten n Aufträge Kandidaten für eine Einschleusung sind,

(iii) wie (i) mit der zusätlichen Restriktion, daß die Anzahl der sich im System befindenden Aufträge begrenzt wird,

(iv) wie (i) mit der Erweiterung, daß bei mehreren freien Warteschlangenpositionen der Auftrag eingeschleust wird, der die Maschine mit der aktuell kürzesten Warteschlange als erste benötigt,

(v) Einschleusung, sobald eine Maschine keinen Auftrag mehr zu bearbeiten hat.

Das größte realisierte Produktionsvolumen des untersuchten Systems wird durch die fünfte Regel erreicht. Dieses Ergebnis läßt sich vermutlich auch auf Systeme mit mehr als zwei Maschinen und nicht notwendigerweise zufallsabhängigem Auftragsrouten erweitern.

Auf detaillierter Ebene sind im deterministischen Fall die Bearbeitungsdauern der Aufträge bekannt. Mit Hilfe von Simulationsergebnissen läßt sich zeigen, daß Prioritätsregeln, die die Einschleusung entsprechend Informationen über die Fertigungsdauern der Aufträge vornehmen, besser bezüglich des oben erwähnten Zielkriteriums sind, als Regeln, die nur auf der Verfügbarkeit der Maschinen aufbauen (Buzacott 1982).

Bei vielen praktischen Problemstellungen stellt der Vorrat der benötigten Vorrichtungen einen Planungsengpaß dar. Viele der erwähnten Prioritätsregeln reduzieren sich dann auf die einfache und kurzsichtige Strategie, daß immer dann ein Auftrag in das System eingeschleust wird, wenn eine benötigte Vorrichtung gerade frei ist (Newman 1986, Denzler und Boe 1987). Bei unbemannten Schichten werden in diesem Sinne nur die Aufträge eingeschleust, die das geringste Risiko eines Werkzeugbruchs haben (Edghill und Cresswell 1985). Andere einfache Einschleusungsregeln, die auf der Beanspruchung von Engpaßmaschinen und gesamter Auftragsfertigungszeit aufbauen, werden von Bell und Bilalis (1982) angegeben.

Unter der Annahme, daß das FFS als Ein-Maschinenmodell abgebildet werden kann, untersuchen Rachamadugu et al. (1987) den Fall
einer losweisen Einschleusung. Für das dynamische Problem
schlagen sie verschiedene Prioritätsregeln unter Berücksichtigung der Zielkriterien Minimierung der durchschnittlichen Verweilzeiten, Minimierung der durchschnittlichen Verspätungen,
Minimierung der Anzahl der verspäteten Aufträge und Minimierung
der Standardabweichungen der Auftragsverspätungen zur Lösung
vor. Für den statisch-deterministischen Fall wird ein Verfahren
empfohlen, das auf Techniken der impliziten Enumeration aufbaut.

Menon und O'Grady (1984) haben Prioritätsregeln formuliert, die
sie aus der Lösung eines linearen Programms ableiten. Aus einer
Liste von freigegebenen Aufträgen werden diese für die Einschleusung auswählt, für deren Bearbeitung die vorliegenden Sy-
stemparameter, wie verfügbare zeitliche Nutzung der Maschinen,
Kapazität der Werkzeugmagazine, benötigte Werkzeuge, Anzahl der
verfügbaren Werkzeugtypen und Liefertermine eine günstige Kon-
stellation darstellen.

6.2. ROUTENWAHL

In vielen Fällen gibt es bei der Fertigung eines Teils Alternativen bezüglich der Reihenfolge durchzuführender Verrichtungen
und bezüglich der Maschinen, die ihre Ausführung übernehmen
können. In konventionellen Fertigungssystemen wird bereits eine
der Alternativen vor Beginn der Produktion festgelegt. Bei FFS
ist es jedoch besser, die existierenden Wahlmöglichkeiten so
lange wie möglich offen zu halten (Buzacott und Shanthikumar
1980, Buzacott 1982, Yao und Buzacott 1986). Prozeßpläne, die
aus statischer Sicht die besten zu sein scheinen, können in Abhängigkeit vom jeweiligen Systemstatus sehr schlechte Alternativen darstellen. Besondere Bedeutung erlangt die Routenwahl in
Form von Realzeit-Entscheidungen dann, wenn Störungen des Systems, wie z.B. Ausfälle oder punktuelle Überlastungen von Maschinen eintreten (Olsder und Suri 1980, Hildebrandt 1980,

Kimemia und Gershwin 1981).

Eine gebräuchliche praktische Vorgehensweise ist es, die Aufträge so über die Maschinen zu führen, daß alle Ressourcen möglichst gleichmäßig ausgelastet werden. Die Berechtigung einer solchen Strategie wird durch die Ergebnisse von Buzacott (1982) unterstützt, der die Auswirkungen der Routenwahl auf die Produktionskapazität des FFS untersucht. Dabei wird angenommen, daß die Einschleusungs- und Maschinenbelegungsstrategie FCFS ist und die Bearbeitungsdauern an den Maschinen exponential verteilt sind. Für off-line Entscheidungen und praktisch unbegrenzte Zwischenlagerkapazität ist die Routenwahl optimal, die eine ausgeglichene Auslastung aller Maschinen erzeugt. Ist die Zwischenlagerkapazität dagegen beschränkt, gilt dies nicht mehr, jedoch ist der Unterschied zwischen optimaler Routenwahl und den Entscheidungen, die eine gleichmäßige Kapazitätsnutzung verfolgen, gering. Ein solches Ergebnis gilt aber nicht notwendigerweise in jeder Situation, wie bereits im fünften Abschnitt dargelegt wurde.

Um problemspezifische Charakteristika berücksichtigen zu können, werden deshalb spezielle mathematische Optimierungsansätze für eine bessere Fundierung der Routenwahl vorgeschlagen. So lösen Kimemia und Gershwin (1985) das Problem im gleichen Sinne wie De Luca (1984) ebenfalls off-line mit Hilfe eines mathematischen Programmierungsansatzes mit dem Ziel, den Systemdurchsatz zu maximieren. Dabei wird eine vollständige Enumeration aller bestehenden Routenalternativen vermieden. Die grundlegende Annahme ihres Vorgehens ist, daß die Aufträge mit FCFS oder zufällig in das System eingeschleust und ebenfalls die Maschinen im System mit diesen Regeln belegt werden; die Bearbeitungsdauern unterliegen der Exponentialverteilung und die Aufträge haben eine Poisson-Ankunftsrate. Als Ergebnis der Optimierung liegen die relativen Anteile jedes Teils, die unter einer Route produziert werden, fest. Simulationsläufe haben ergeben, daß dieses Vorgehen unter den gegebenen Annahmen gute Lösungen liefert.

Sarin und Dar-El (1984) versuchen die Routenwahl an die Auftragsbildung zu koppeln. Ziel der Auftragsbildung ist hier die
Minimierung der Auftragsverspätungen, und Ziel der Routenwahl
ist die Maximierung der gewichteten Maschinenauslastung. Im
Rahmen eines iterativen heuristischen Ansatzes werden aus den
in der nächsten Periode zu fertigenden Aufträgen diese für eine
simultane Fertigung ausgewählt, die auf Grund ihrer Routenalternativen die geringste Summe der gewichteten Maschinenleerzeiten erwarten lassen.

On-line Ansätze zur Routenbestimmung, wie sie z.B. in Yao und
Buzacott (1985) beschrieben werden, sind nie schlechter als
entsprechende off-line Ansätze, da verfügbare Informationen
über den Systemstatus genutzt werden können. Dabei ist jedoch
auch hier zu beachten, daß, je nachdem welche Informationen in
die Entscheidungsfindung einfließen, die Regeln problemspezifisch ausgewählt werden müssen. Wilhelm und Shin (1985) zeigen
die Vorteile einer dynamischen Realzeit-Routenwahl in einer deterministischen Steuerungsumgebung, indem sie Strategien, die
mehrere Routenalternativen berücksichtigen, mit der Vorgabe einer festen Bearbeitungsfolge vergleichen. Dabei unterscheiden
sie die folgenden Fälle:
(i) dynamische Alternativensuche: die Bearbeitung eines Auftrags übernimmt eine Ausweichmaschine, wenn diese frei und die
dieser Verrichtung ursprünglich zugeordnete Maschine belegt
ist;
(ii) geplante Alternativensuche: unter allen möglichen Kombinationen von Maschinen-Auftrags-Zuordnungen wird das Zuordnungsmix bestimmt, das die gleichmäßigste Maschinenauslastung zur
Folge hat;
(iii) geplante, dynamische Alternativensuche: das mit Hilfe von
(ii) bestimmte Zuordnungsmix ist Grundlage der Alternativensuche, jedoch unterliegt die Reihenfolge der Bearbeitung der Verrichtungen eines Auftrags entsprechend der technologischen
Wahlmöglichkeiten einer dynamischen Strategie, wie sie unter
(i) beschrieben ist.

Mit Hilfe von Simulationsläufen konnte gezeigt werden, daß die

dritte Strategie bezüglich der Minimierung der Durchlaufzeit
aller Aufträge, der Maximierung der Systemauslastung, der Minimierung der Systemverweilzeiten und der Minimierung der Lagerkapazitäten alle anderen untersuchten Routenstrategien domi-
niert.

6.3. MASCHINENBELEGUNG

Das Maschinenbelegungsproblem besteht in der zeitlichen Zuordnung der Aufträge zu den gegebenen Maschinen unter Berücksichtigung vorgegebener Restriktionen und Zielkriterien der Planung. Die allgemeinste Formulierung des Maschinenbelegungspro-
blems umfaßt sowohl die Probleme von Einschleusung und Routenwahl und läßt sich in seiner deterministischen Form wie folgt
beschreiben.

Gegeben sei eine Menge von Maschinen, deren grundsätzliche Qua-
lifikation zur Durchführung von Verrichtungen bekannt ist. Mehrere Maschinen, die für den gleichen Verrichtungstyp geeignet
sind, können sich weiterhin in ihrer Effizienz (Geschwindig-
keit) unterscheiden, mit der die Bearbeitung ausgeführt werden
kann. Die Durchführungsdauern der Verrichtungen auf den einzelnen Maschinen sind bekannt. Neben der Einhaltung von möglichen
Vorrangbeziehungen gilt, daß keine Maschine zu einem Zeitpunkt
mehr als einen Auftrag bearbeiten kann und daß kein Auftrag zu
einem Zeitpunkt sich auf mehr als einer Maschine in Bearbeitung
befinden kann. Gesucht ist eine Maschinenbelegung, die die vorgegebenen technologischen Nebenbedingungen einhält und ein oder
mehrere Zielkriterien des Systembetriebs möglichst günstig erfüllt.

Durch die Lösung der Probleme von Einschleusung und Routenwahl
in einem dynamischen Umfeld werden jedoch die meisten Alternativen für die eigentliche Maschinenbelegung schon festgelegt.
In diesem Fall sind die zu jedem Zeitpunkt auf den Maschinen
einplanbaren Werkstücke durch die sich im System befindenden
Aufträge vorbestimmt. Eine Auswahl der Maschinen für die Bear-

beitung der einzelnen Teile wird schon durch die Ergebnisse der Routenwahl getroffen. Offen ist die Frage zu welchen Zeitpunkten welche Verrichtungen durchgeführt werden sollen.

Auf aggregierter Ebene läßt sich wiederum das CASQ-Modell anwenden, das lokale Abarbeitungsstrategien der Warteschlangen an den einzelnen Maschinen durch eine Dekomposition des Problems in ONM analysieren kann (Buzacott 1976, 1982; Shanthikumar 1979, 1984; Buzacott und Shanthikumar 1980, 1985). Beispielsweise wird gezeigt, daß in einem FFS mit einer großen Anzahl von Maschinen und symmetrischen Routen, d.h. alle Maschinen werden gleich oft durch Werkstücke besucht, der Erwartungswert und die Varianz der Systemverweilzeit bei Anwendung der KOZ-Regel zur Abarbeitung der Maschinenwarteschlangen besser ist als bei Anwendung der FCFS-Strategie. Abarbeitungsstrategien auf Grund extern vorgegebener Prioritäten lassen sich mit Hilfe von PMVA (Shalev-Oren et al. 1985) bezüglich verschiedener Leistungskriterien des FFS bezogen auf einzelne Maschinen, Klassen von Aufträgen und das ganze System analysieren.

Das Maschinenbelegungsproblem bei leeren Systemen ist durch die Annahme gekennzeichnet, daß keine der verfügbaren Maschinen bisher belegt ist. Die dabei auftretenden Fragestellungen lassen sich auf detaillierter Ebene, wie schon erwähnt, off-line als statische Ablaufplanungsprobleme beschreiben. Einschleusung und Routenwahl müssen nicht mehr explizit betrachtet werden. Zur simultanen Lösung der sich ergebenden Problemstellungen sind eine ganze Reihe exakter und heuristischer Verfahren verfügbar (vgl. u.a. Lenstra 1976, Rinnooy Kan 1976, French 1982, Bellman et al. 1982, Graham et al. 1979, Lawler et al. 1982, Lenstra und Rinnooy Kan 1985). Da der Einsatz exakter Verfahren auf Grund der Komplexität der Problemstellungen für die meisten praktischen Anwendungen mit Ausnahme einiger Spezialfälle ausscheidet, sind heuristische Verfahren in solchen Fällen die einzigen praktikablen Alternativen. Leider haben reine off-line Ansätze zur Maschinenbelegung auf Grund der mangelnden Möglichkeiten zur Abbildbarkeit der dynamischen Problemstruktur nur einen beschränkten Einsatzbereich.

Das Maschinenbelegungsproblem bei belegten Systemen läßt sich
als dynamisches Ablaufplanungsproblem kennzeichnen und muß im
allgemeinen on-line gelöst werden. Die gebräuchlichsten Zielkriterien sind die Minimierung der Zwischenlagerbestände und
die Einhaltung vorgegebener Liefertermine bzw. die Minimierung
der Summe der gewichteten Terminüberschreitungen (vgl. Buffa
und Miller 1979, Graves 1981). Zur Untersuchung der dynamischen
Fragestellung läßt sich das Problem entweder in eine Reihe statischer Probleme auf rollierender Basis dekomponieren oder der
dynamische Aspekt wird wiederum direkt durch den Einsatz von
Prioritätsregeln gehandhabt. Über praktische Ergebnisse der
zweiten Vorgehensweise berichten Nof et al.(1979), Stecke und
Solberg (1981), Carrie und Petsopoulos (1985), Shanker und Tzen
(1985) und Denzler und Boe (1987). Da die Anwendung von Prioritätsregeln immer auf die gerade existierende Problemsituation
zugeschnitten sein muß, lassen sich allgemeine Aussagen bezüglich der Qualität einzelner Regeln auch in diesem Fall fast nie
treffen.

Raman et al.(1986) entwickeln einen Ansatz zur Lösung des Ma-
schinenbelegungsproblems auf rollierender Basis unter Berücksichtigung der Transporteinrichtungen des FFS mit dem Ziel, die
durchschnittliche Verspätung aller Aufträge zu minimieren. Dabei wird davon ausgegangen, daß für jeden Auftrag vorgegebene
Fertigungsendtermine existieren und die Ankunft der Aufträge im
System einem Zufallsprozeß unterliegt. Die Bearbeitungsmöglichkeiten der für einen Auftrag benötigten Verrichtungen wird
durch eine gegebene Präzedenzbeziehung bestimmt. Maschinenab-
hängige Bearbeitungszeiten und Transportzeiten sind deterministisch und bekannt. Das dynamische Problem wird auf die sequen-
tielle Lösung einer Reihe statischer Probleme zurückgeführt.
Jedes einzelne Problem wird als ganzzahliges lineares Programm
formuliert. Um eine Lösung auch noch für größere Problemausprägungen zu ermöglichen, wird es auf ein Projektplanungsproblem
unter Ressourcenbeschränkungen reduziert, für das effiziente
Lösungsverfahren existieren (Talbot 1982). Die dynamische Ver-
sion wird durch die Implementierung der statischen Vorgehensweise im Rahmen rollierender Planung gelöst. Immer dann, wenn

ein neuer Auftrag in das System eingeschleust werden kann oder
eine Maschine frei wird, wird das statische Problem unter Einbeziehung der Informationen über den aktuellen Systemzustand
gelöst. Um die Transportvorgänge und damit die Transportzeiten
a priori bestimmen zu können, müssen serielle Präzedenzbeziehungen angenommen werden. Der Ansatz von Raman et al. (1986)
stellt eine Erweiterung der isolierten Betrachtungsweise von
Materialhandhabung (vgl. Maxwell und Muckstadt 1982, Egbelu und
Tanchoco 1984) und Fertigung dar.

Ebenfalls auf rollierender Basis versuchen Chang et al. (1985)
das Maschinenbelegungsproblem mit einem Zwei-Phasen-Ansatz zu
lösen. Ziel ist es, die Summe der Verweilzeiten im System zu
minimieren. Zunächst wird eine begrenzte Anzahl zulässiger Pläne für jeden durchzuführenden Auftrag und die resultierenden
Systemverweilzeiten bestimmt. Darauf aufbauend wird mit Hilfe
eines ganzzahligen linearen Programmierungsansatzes für jeden
Auftrag der Belegungsplan ausgewählt, der die Summe der Verweilzeiten minimiert. Tests für kleine Problemstellungen haben
zwar ergeben, daß dieses Vorgehen in vielen Fällen besser ist
als nur bekannte Prioritätsregeln anzuwenden, jedoch ist es wegen des hohen Rechenaufwands zweifelhaft, ob eine Anwendung in
einer Realzeit-Umgebung möglich ist.

7. ENTWURF EINES STEUERUNGSSYSTEMS

Auf dem Hintergrund von FFS muß die FS auf eine Vielzahl unterschiedlicher Probleme, wie sie in den beiden vorangegangenen
Abschnitten beispielhaft skizziert wurden, in kürzester Zeit
Antworten finden, um flexibel auf wechselnde Anforderungen der
Fertigung reagieren zu können. Bisher versucht der Werkstattmeister die Aufgaben der FS auf der Grundlage verschiedener
spezifischer betriebsinterner oder aber auch generalisierbarer
Planungs- und Steuerungsprinzipien, wie beispielsweise In-
put/Output Control (Belt 1976), OPT (Jacobs 1984), Kanban (Sugimori et al. 1977, Wildemann 1984), Belastungsorientierte Auftragsfreigabe (Bechte 1980, Wiendahl 1987a) oder dem Fort-

schrittszahlenkonzept (Baku und Meyer 1982) mit Unterstützung des Fertigungsleitrechners wahrzunehmen. Die Leitstandebene ist die niedrigste Stufe, auf der planend und steuernd in den Fertigungsprozeß eingegriffen wird und stellt somit auch die letzte Einflußmöglichkeit zur Durchsetzung der Ziele von FP und FS dar.

Während bei der konventionellen Werkstattfertigung das Fachpersonal den Fertigungsablauf noch weitgehend überschauen kann, da die Werkstücke meistens in einer vorgegebenen Reihenfolge bearbeitet werden müssen und die Maschinen feste Arbeitsgänge ausführen, ist beim Einsatz von FFS die Anzahl der Reihenfolge- und Zuordnungsmöglichkeiten durch die Flexibilität des Systems so groß, daß sie im allgemeinen nicht mehr überschaubar ist.

Die heutigen Leitstandsysteme für die FS sind in erster Linie Dokumentations- und Überwachungssysteme, die einerseits System- und Betriebsdaten bereitstellen und andererseits Teile der Stammdaten- und der NC-Programmverwaltung übernehmen. Es werden Werkstück-, Werkzeug-, Maschinen- und Lagerdaten sowie Informationen über zusätzliche Fertigungshilfsmittel dokumentiert und Störungen des Systembetriebs, zum Teil auch mit Diagnose, gemeldet. Routinearbeiten, wie das Erstellen von Statistiken, Tages- und Schichtprotokollen werden vom System durchgeführt. Die meisten Leitstandsysteme bieten dem Werkstattmeister eine Unterstützung für die Aufgaben der OFP und ONS höchstens in soweit, daß Voraussetzungen für eine papierlose Planung und Steuerung geschaffen werden. Nur wenige Systeme stellen darüber hinaus auch eine Entscheidungsunterstützung für die ONS durch die Bereitstellung verschiedener Einlastungsstrategien zur Verfügung, wobei die Frage, welche Strategie in welcher Situation anzuwenden ist, aber weiterhin unbeantwortet bleibt (vgl. Havermann 1986, o.V. 1988, Würfel 1986, Wiendahl 1987). Entscheidungen auf der Ebene der OFP werden praktisch überhaupt nicht unterstützt. Die heutigen FS-Leitsysteme sind zwar gute Datenverwaltungsinstrumente, doch die intelligente Informationsverarbeitung muß weiterhin durch den Menschen geleistet werden.

Um diesem Mangel zu begegnen, bietet sich für die Unterstützung der Planungs- und Steuerungsentscheidungen neben der weitgehend schon erprobten Simulation eine stärkere Berücksichtigung bekannter analytischer Methoden, aber auch der gerade in letzter Zeit entwickelten wissensbasierten Ansätze an. Die möglichen Vorgehensweisen sind nicht alternativ zu diskutieren, sondern es sollte versucht werden, die jeweiligen Stärken aller bekannten Ansätze synergetisch im Rahmen eines intelligenten Fertigungssteuerungssystems (IFS) zu verbinden und damit eine kontinuierliche Optimierung der Fertigung zu erreichen. Ein solches System müßte außer den Funktionen schon existierender Leitstandsysteme die Möglichkeiten einer Automatisierung von OFP und ONS berücksichtigen. Dabei sollte es besonders Abweichungen vom Normalbetrieb durch die Bereitstellung von Alternativplänen handhaben können.

Die Simulation ist in ihrer detaillierten Form auf Grund der benötigten Rechenzeit eher für off-line Anwendungen geeignet, während effiziente analytische Verfahren und wissensbasierte Ansätze sowohl auf der OFP- als auch auf der ONS-Ebene anwendbar sind. Die bisher vorgeschlagenen Vorgehensweisen konzentrieren sich hauptsächlich auf die Konstruktion von Lösungen. Sie gehen davon aus, daß das zugrunde liegende Problem schon hinreichend genau formuliert worden ist und die Entscheidungsfindung einem sogenannten one-path (input-processing-output) Ansatz folgt. Rückkopplungen vom Prozeß der Lösungsfindung zur Problemformulierung wurden bisher nicht betrachtet.

Grundlage für eine effiziente Beantwortung der auftretenden Fragestellungen der FS ist aber zunächst eine hinreichend genaue und widerspruchsfreie Problemformulierung, die dann in eine formale, abbildungstreue Repräsentation umgesetzt werden kann. Dies bedeutet, daß erst einmal Annahmen, Restriktionen, Prioritäten und Zielkriterien, die ein vorliegendes FS-Problem charakterisieren, aus der individuellen Sichtweise eines Anwenders extrahiert werden müssen, dessen Kenntnisse sich hauptsächlich auf die existierende Fertigungssituation, aber weniger auf verfügbare Planungs- und Steuerungsmodelle, beziehen. Diese meistens natürlichsprachlichen Problembeschreibungen können daraufhin in ein formales Modell übersetzt werden. Dieses ist der Ausgangspunkt für die eigentliche Problemlösung. Umgekehrt muß auch das gefundene Ergebnis für den Anwender in eine ihm verständliche Formulierung zurückübersetzt werden, woraufhin dann erst Aussagen über die Qualität der gefundenen Lösung möglich sind. Dabei kann der nicht seltene Fall eintreten, daß das vorgeschlagene Ergebnis, den Anforderungen des Anwenders nicht genügt. In einer solchen Situation müssen auf der Basis einer genauen Diagnose der Ablehnungsgründe ein oder mehrere neue Lösungsvorschläge generiert werden. Der Ablauf eines solchen Problemlösungsprozesses ist in Abbildung 7.-1. in allgemeiner Form dargestellt.

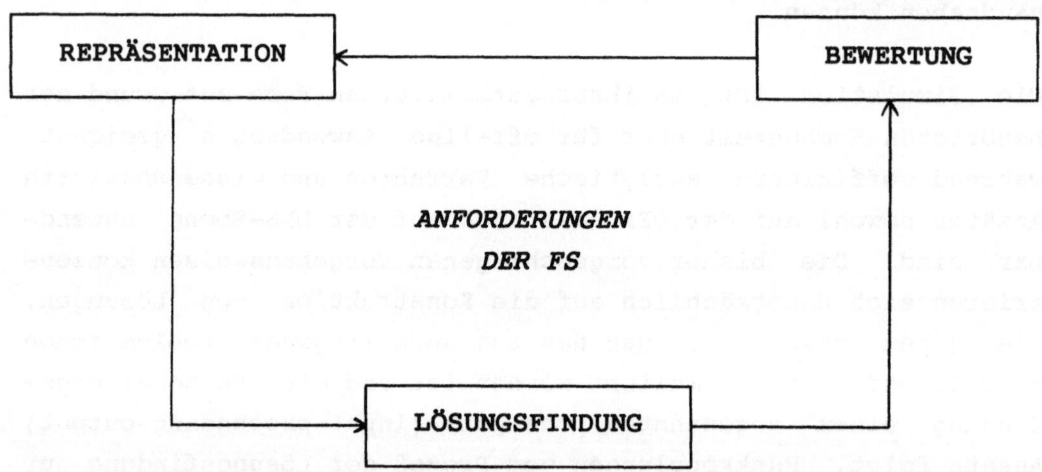

Abb. 7.-1.: Wechselwirkungen des FS-Problemlösungsprozesses

Alle in der Realität auftretenden Probleme der FS bei FFS lassen sich im Detail nicht mit nur einer Formulierung beschreiben, vielmehr ist jedes Problem einzigartig. Allen Formulierungen gemeinsam ist aber, daß für manche Fragen bereits Antworten vorliegen, während für andere solche noch gesucht werden. Was offen und was als Vorgabe angesehen wird, ist abhängig vom Anwendungsfall. Somit müssen nicht immer alle der in den beiden vorangegangenen Abschnitten beschriebenen Probleme von System- initialisierung und Systembetrieb untersucht werden und folglich auch nicht in den entsprechenden Lösungsvorschlägen Berücksichtigung finden. Wichtig ist es jedoch, grundsätzliche methodische Ansätze herauszuarbeiten, ihre Eignung zur Lösung von Problemen der FS bei FFS zu untersuchen und sie in eine problemangepaßte Architektur zu integrieren.

In diesem Sinne werden im folgenden zunächst einige analytische Ansätze vorgestellt, die als konstruktive Komponenten eines IFS eingesetzt werden können. Dabei lassen sich top-down und bottom-up Vorgehensweisen unterscheiden. Ihre Sichtweisen sind die Generierung von optimalen oder nahe am Optimum liegenden Problemlösungen. Daran anschließend wird ein Überblick über den Entwicklungsstand von WBS zur Lösung der Steuerungsprobleme bei FFS gegeben. Diese gehen insofern über eine reine Konstruktion hinaus, da sie sowohl Repräsentation als teilweise auch die Bewertung der gefundenen Lösung unterstützen. WBS verfolgen das Ziel, wünschenswerte Problemlösungen bereitzustellen. Der letzte Teil beschäftigt sich mit der Integration bekannter konstruktiver und deskriptiver Techniken zu einem IFS, mit dem Ziel eine intelligente Lösungsfindung für die Probleme von OFP und ONS zu ermöglichen. Dabei werden konstruktive Komponenten in Form analytischer und wissensbasierter Ansätze mit zusätzlichen Analyse- und Bewertungskomponenten so verknüpft, daß eine möglichst ganzheitliche Abbildung von Problemrepräsentation, Lösungsfindung und Evaluation möglich wird.

7.1. ANALYTISCHE KOMPONENTEN

Analytische Ansätze gehen von der Annahme aus, daß sich alle Probleme von Systeminitialisierung und Systembetrieb hinreichend genau mathematisch repräsentieren und mit dem Ziel der Optimierung lösen lassen. Die meisten der bisher existierenden Vorschläge zur Lösung der Probleme der FS bei FFS auf diesem Wege basieren auf einer top-down Vorgehensweise. Das vorliegende Problem wird hierarchisch zergliedert und entsprechend der gebildeten Stufen wird die globale Lösung über partielle Lösungen sequentiell von oben nach unten erzeugt. Bottom-up Ansätze wirken nicht so restriktiv. Während sich bei dem top-down Vorgehen der Planungsspielraum immer weiter verengt je weiter man in der Planungshierarchie nach unten gelangt, versucht man durch die bottom-up Vorgehensweise, den Planungsspielraum von unten nach oben so wenig wie möglich einzuengen und damit auf diese Art die Qualität der gefundenen Lösung zu maximieren. Wichtigste Nebenbedingung dieses Ansatzes ist die Gewährleistung der Zulässigkeit, d.h. die Möglichkeit der Transformation der Planungsentscheidung auf unteren Stufen in realisierbare Entscheidungen auf höheren Stufen. Dies setzt ein flexibles Planungsumfeld voraus.

7.1.1. TOP DOWN

Mehrere Autoren haben sich mit der Verbindung von OFP und ONS im Rahmen von analytischen Ansätzen beschäftigt. Das Schwergewicht der Überlegungen wurde dabei auf eine Planungsmethodik im Sinne einer top-down Hierarchie gelegt.

Hildebrandt und Suri (1980) waren die ersten, die sich mit der integrativen Betrachtung von Planungs- und Steuerungsproblemen bei FFS unter vorausschauender Berücksichtigung von Systemstörungen beschäftigten. Dabei unterscheiden sie zwischen ressourcen- und zeitabhängigen Entscheidungen und zerlegen das Problem hierarchisch in drei Stufen, die alle auf der Ebene der OFP angesiedelt sind. Zunächst werden unter dem Gesichtspunkt der Initialisierung das aktuell zu fertigende Teilemix, das in das System eingeschleust werden soll, und die Maschinen für jeden erforderlichen Bearbeitungsvorgang abhängig von möglichen Kombinationen verfügbarer und ausgefallener Maschinen auf aggregierter Ebene mit dem Ziel bestimmt, die erwartete Durchlaufzeit aller Aufträge zu minimieren. Auf der zweiten Stufe wird für den Systembetrieb die Reihenfolge der Aufträge für die Einschleusung in das FFS für jeden Verfügbarkeitszustand der Maschinen mit dem Ziel festgelegt, die durchschnittliche Produktionsrate zu maximieren. Schließlich werden auf der letzten Stufe die Zeitpunkte der Einschleusung und die folgenden Bear-

92

beitungsvorgänge für jeden Auftrag und jeden Verfügbarkeitszustand mit dem Ziel fixiert, die Wartezeiten im System zu minimieren. Die erste Stufe wird durch ein GNM modelliert und mit Hilfe geeigneter Verfahren gelöst (vgl. Abschnitt 4.1.1.). Das Modell der zweiten Stufe benutzt eine Strategie der gleichmäßigen Flüsse, d.h. es wird versucht, die Aufträge so in das System einzuschleusen, daß das zusätzliche Bearbeitungsvolumen so weit wie möglich der durchschnittlichen Auslastung der Ressourcen entspricht. Gelöst wird dieses Problem durch einen dynamischen Programmierungsansatz. Auf der dritten Stufe werden zwei globale Regeln benutzt: "Schleuse einen Auftrag ein, sobald ein Lagerplatz im System verfügbar ist" und "Belege die Maschine mit der zeitlich kürzesten Warteschlange".

Da die Ergebnisse dieses Ansatzes auf der bekannten Annahme basieren, daß sich das System zu jedem Zeitpunkt im Gleichgewicht befindet, sind die Strategien für reale Situationen nicht notwendigerweise optimal, da dort Übergangszustände zwischen Gleichgewichtszuständen auftreten. Um diesen Nachteil zu vermeiden und um variierende Produktionsanforderungen berücksichtigen zu können, haben Kimemia und Gershwin (1983, 1985) einen Ansatz zur Lösung der Planungsprobleme auf der ONS-Ebene unter Berücksichtigung von dynamischen Systemparametern, wie Lagerbestände und Ausfallverhalten der Maschinen, entwickelt. Ziel ist es, vorgegebene Produktionsanforderungen in einem gegebenen Planungszeitraum sicherzustellen und dabei ein möglichst hohes Produktionsvolumen mit geringen Zwischenlagerbeständen zu erreichen. Bei der Modellierung wird davon ausgegangen, daß die Systemvorbereitungen mit Ausnahme der Auftragsbildung abgeschlossen sind und damit das zu fertigende Teilespektrum sowie die Maschinengruppierung und Werkzeugbestückung festliegen. Das Steuerungsschema ist ebenfalls hierarchisch in drei Stufen gegliedert:
(i) Die Flußsteuerung übernimmt die Bestimmung der Produktionsrate für jeden Teiletyp abhängig von der jeweiligen Nachfrage, seinen bereits verfügbaren Bestand im Endlager und statistischen Informationen über die Verfügbarkeit der Maschinen und damit der aktuellen Kapazität des Systems.

(ii) Die Routensteuerung bestimmt die optimale Maschinenfolge
mit dem Ziel, die durch die Flußsteuerung bekannte Produktionsrate einzuhalten und Stauungen bzw. Verzögerungen von Aufträgen
im System zu minimieren.
(iii) Die Reihenfolgesteuerung ermittelt die Reihenfolge der
Teiletypen zur Einschleusung in das System und bestimmt die
entsprechenden Zeitpunkte mit dem Ziel, die Ergebnisse der beiden ersten Stufen einhalten zu können.

Eine wichtige Annahme des Modells ist die, daß diskrete Pla-
nungsgrößen auf den ersten beiden Stufen durch kontinuierliche
Flüsse repräsentiert werden können. Das Flußsteuerungsproblem
wird als dynamisches Programm formuliert und für das Ergebnis
wird gezeigt, daß die optimale Steuerungsstrategie konstante
Produktionsraten für kurze Zeitintervalle hervorbringt. Die Lösung für die Routensteuerung erfolgt mit Hilfe eines linearen
Programmierungsansatzes. Auf der Ebene der Reihenfolgesteuerung
wird jetzt wieder das diskrete Problem in seiner ursprünglichen
Form betrachtet, und es werden Zeitintervalle bestimmt, in denen, in Abhängigkeit von den Ergebnissen der Routensteuerung,
die Teiletypen in das System eingeschleust und den bekannten
Routen zugeordnet werden.

Ein Nachteil dieses Ansatzes ist der hohe Rechenaufwand, den
die Problemlösung erfordert, und diesen somit für eine on-line
Handhabung ungeeignet erscheinen läßt. Eine Verbesserung wird
von Gershwin et al. (1985) (siehe auch Gershwin et al. 1984,
Akella et al. 1984, 1985) vorgeschlagen. Die hier entwickelte
Hierarchie der Problemlösung verbindet OFP und ONS und läßt
sich wie folgt beschreiben.
(i) Zunächst wird das dynamische Programm zur Ermittlung der
Flußsteuerung off-line gelöst. Als Ergebnis liegen Kombinationen des optimalen Teilemix mit den entsprechenden Produktionsraten unter Einbeziehung von Sicherheitsbeständen in Abhängigkeit möglicher Maschinenzustände (ausgefallen, im Einsatz bzw.
MTBF und MTTR) vor.
(ii) Auf der folgenden Stufe werden zur Bestimmung der aktuellen Produktionsrate unter Berücksichtigung der Ergebnisse aus

(i), von gegenwärtigen Lagerbeständen und aktueller Produktionskapazität die Fragen der Fluß- und Routensteuerung on-line mit Hilfe eines linearen Programmierungsansatzes beantwortet.
(iii) Schließlich wird ebenfalls on-line das Problem der Reihenfolgesteuerung mit Hilfe einer einfachen dynamischen Prioritätsregel gelöst.

Simulationsläufe am Beispiel eines praktischen Problems aus der Leiterplattenmontage haben gezeigt, daß die gefundenen Strategien deutlich besser waren als alle anderen, von den Autoren betrachteten, nicht hierarchisch abgeleiteten Politiken, und dies besonders unter dem Aspekt, eine gleichmäßige Produktion und geringe Zwischenlagerbestände auch bei Eintritt von Systemstörungen (Ausfall, Reparatur) zu gewährleisten (Akella et al. 1985a).

Ein anderer Ansatz ist, die Steuerung der Fertigung auf den Bedarf nachgelagerter Produktionsstufen abzustellen. So steht bei der Fertigung für ein Montagesystem die Anzahl der benötigten Einzelteile für ein zu montierendes Endprodukt in einem bestimmten Verhältnis zueinander. Die gesamte benötigte Stückzahl eines zu fertigenden Teils entspricht der Anzahl der Endprodukte multipliziert mit der Anzahl, mit der dieses Teil in das Endprodukt eingeht. Werden beispielsweise von Endprodukt A q Einheiten in einer Planungsperiode nachgefragt und besteht A aus r Einheiten des Teils x, aus s Einheiten des Teils y und aus t Einheiten des Teils z, so werden von x insgesamt qr Einheiten, von y qs Einheiten und von z qt Einheiten benötigt. Das kleinste Montagemix (KMM) besteht in diesem Fall aus dem Tripel (r,s,t). Ein Ansatz zur Lösung des Einschleusungsproblems ist es, zu gegebenen Zeitpunkten Teile entsprechend dem KMM einzulasten. Jede Maschine beginnt erst mit der Bearbeitung eines KMM in der Periode p+1, wenn sie alle Verrichtungen am KMM der Periode p abgeschlossen hat. Da sich die Durchlaufzeit für ein Teilemix in diesem Fall aus dem Produkt von Periodenlänge und Periodenanzahl ergibt und die Periodenanzahl aus der Bestimmung des KMM festliegt, ist die Frage nach der Periodenlänge das eigentliche Optimierungsproblem für die Minimierung der Durchlaufzeit. In diesem Sinne untersuchen Wittrock (1985) und Afentakis (1986) das Problem unter der Annahme kontinuierlich verfügbarer Maschinen auf der Basis eines gegebenen Auftragsbestands mit dem Ziel, die Durchlaufzeit und die Zwischenlagerbestände aller Teile zu minimieren. Nach der Festlegung der Route für jedes Werkstück ist auch das Produktionsvolumen für jede Maschinengruppe bekannt. Zur Minimierung der Durchlaufzeit lassen sich off-line mit Hilfe problemangepaßter heuristischer Verfahren die Maschinen jeder Gruppe mit den entsprechenden Bearbeitungsvorgängen der einzelnen Teile belegen. Die Periodenlänge für die Fertigung eines KMM entspricht grob der zeitlichen Inanspruchnahme der Engpaßmaschine, d.h. der Maschine, deren Nutzungsdauer die längste ist. Die Einschleusung des periodenbezogenen Auftragsvorrats versucht die maximale Warteschlangenlänge im System on-line zu minimieren, indem Prioritätsregeln angewendet werden, die möglichst zuerst diese Teile einplanen, die die Engpaßmaschine nicht benötigen.

Alle bisher beschriebenen top-down Ansätze übersetzen Kostenminimierungsaspekte durch reguläre Zielkriterien. Morton und Smunt (1986) versuchen mit dem von ihnen entwickelten System Patriarch die auftretenden Planungs- und Steuerungskosten direkt zu berücksichtigen, um eine bessere betriebswirtschaftliche Transparenz der Entscheidungsfindung in einem dynamischen Umfeld zu erreichen. Da alle bisher beschriebenen analytischen Verfahren auf regulären Zielkriterien aufbauen, soll dieser explizit kostenorientierte Ansatz im folgenden etwas ausführlicher beschrieben werden. Patriarch ist ein allgemeines System zur Unterstützung von Produktionsplanungsentscheidungen auf strategischer, taktischer und operativer Ebene. Es ist hierarchisch strukturiert und benutzt Schattenpreis-Heuristiken zur Lösung der Probleme der FS. Der Entscheidungsprozeß ist in drei Stufen gegliedert:

Stufe 1:   Strategische Planung
Stufe 2:   Fertigungsplanung
Stufe 3:   Fertigungssteuerung
            - Off-line Planung
            - On-line Steuerung

Lösungen auf den ersten beiden Stufen bilden die Rahmenbedingungen für die Fragen der FS, deren Beantwortung auf der Anwendung von Heuristiken aufbaut, wobei besonders die Entscheidungen auf der ONS-Ebene durch ad-hoc Entscheidungsregeln und menschliche Eingriffe ergänzt werden müssen.

Ziel der OFP ist die Minimierung der Summe der diskontierten Opportunitätskosten für einen gegebenen Planungszeitraum, die sich aus Ressourceninanspruchnahme und vorgegebenen Fertigstellungsterminen der Aufträge ergeben. Diese lassen sich aus im Zeitverlauf entstehenden Materialkosten, Verkaufserlösen und variablen Lohn- und Maschinenkosten ableiten. Fixkosten werden bei der Entscheidungsfindung nicht berücksichtigt. Folgende Parameter werden für die Problemlösung benötigt:

b_i Betriebskosten der Ressource i abhängig vom antizipierten Auslastungsgrad;

w_j marginale Kosten für jede Zeiteinheit Terminabweichung von Auftrag j;

a_k Verzögerungsfaktor ($0 \leq a_k \leq 1$), der die Auswirkungen einer Zeiteinheit Verspätung der Verrichtung k im System auf den Fertigstellungstermin des entsprechenden Auftrags j angibt;

$a_k w_j$ lokale Verspätungskosten;

p_{ik} geschätzte Bearbeitungsdauer von Verrichtung k auf Maschine i (durchschnittliche Durchführungsdauer + durchschnittliche Rüstzeit).

Alle vorhergesagten Parameter sind das Ergebnis der auf einer höheren Stufe durchgeführten Planung. Ebenfalls fixiert ist die Bearbeitungsreihenfolge aller zu einem Auftrag gehörenden Verrichtungen.

Die OFP besteht aus den drei Prozeduren Kandidatenlistenerstellung, Maschinenzuordnung und Maschinenlistenerstellung. Wenn der Einplanungstermin für eine Verrichtung heranrückt, wird sie in die Kandidatenliste aufgenommen. Aus dieser wird eine zeitabhängige Prioritätenliste erstellt, die die gegebenen Ressourcen den einzelnen Verrichtungen aus dieser Liste zuordnet. Dabei können die folgenden Fälle unterschieden werden.

(1) Zuordnung ohne Wartezeiten und Verrichtungsunterbrechungen:
Es seien c_{hj} der geplante Fertigungsendtermin des Auftrags j
auf Maschine h, s_{ij} die Transportzeit von j zu einer geeigneten
Nachfolgemaschine i und r_i der früheste Freigabetermin für Maschine i zur Bearbeitung von Auftrag j. Nun ergeben sich für j
Verspätungskosten an Maschine i in Höhe von $V_{ij} = a_k w_j$ max
$\{s_{ij}, r_i - c_{hj}\}$ und Nutzungskosten auf Maschine i in Höhe von N_{ij}
$= b_i \cdot p_{ij}$. Der Auftrag j wird der Maschine i zugeordnet, bei der
sich die geringsten Gesamtkosten $R_i = N_{ij} + V_{ij}$ ergeben.
(2) Zuordnung mit erzwungener Wartezeit auf einer Nachfolgemaschine, d.h. die entsprechende Maschine bearbeitet keine andere
Verrichtung, sondern wartet auf den entsprechenden nächsten
Auftrag: $R_i' = b_i p_{ij}' + a_k w_j s_{ij}$ mit p_{ij}' als die Summe aus erzwungener Wartezeit und Bearbeitungsdauer für Auftrag j an Maschine
i.
(3) Unterbrechbarkeit von Verrichtungen: $R_i'' = b_i p_{ij}'' + a_k w_j s_{ij}$
mit p_{ij}'' als die Summe von Bearbeitungsdauer für Auftrag j an
Maschine i und dem zeitlichen Unterbrechungsaufwand der gerade
bearbeiteten Verrichtung.

Wenn alle Möglichkeiten der Zuordnung (1)-(3) zur Disposition
stehen, wird die Maschine i ausgewählt, für die die geringsten
Kosten bei Berücksichtigung aller drei Modi auftreten. Die Maschinenzuordnung ist dann im allgemeinen endgültig, wobei der
Modus für die spätere Einplanung aber weiterhin zur Disposition
steht.

Nach der Ressourcen-Auftrags Zuordnung ist nun noch das Reihenfolgeproblem für jede einzelne Maschine zu lösen, und damit ist
eine Antwort auf die Frage gesucht, an welcher Stelle der aktuellen Warteschlange vor jeder Maschine der entsprechende Auftrag eingeordnet werden soll. Jede frühere Einplanung eines
Auftrages j auf der Maschine i bedeutet eine Verringerung der
Kosten um $a_k w_j$, doch die Ressourcennutzungskosten $b_i p_{ij}$ entstehen entsprechend früher. Mit I als Zinssatz für eine Zeiteinheit ergibt sich ein Nettokostenzuwachs bei vorgezogener Einplanung von $a_k w_j + I b_i p_{ij}$. Man sucht also die Reihenfolge, die
die Summe der Kosten über alle Aufträge in der Liste minimiert

(Rundreiseproblem). Ein heuristischer Ansatz, dies zu erreichen, bedient sich der Kennziffer $r_{ij}=a_k w_j/p_{ij}$. Zu jedem Zeitpunkt, zu dem ein neuer Auftrag in die Warteschlange eintritt,
ordnet man alle Aufträge der Maschinenliste entsprechend nicht
steigender r_{ij} Werte.

Zusammenfassend kann das Vorgehen der OFP wie folgt beschrieben
werden. Für jeden Zeitpunkt bestimmt man die Menge der Verrichtungen, die durchführbar sind. Diese werden dann auf der Basis
des erwähnten Kostenkriteriums einzelnen Maschinen zugeordnet
und dort in die Warteschlangen aufgenommen. Jede Liste wird
schließlich entsprechend einer geeigneten Prioritätsziffer
geordnet, so daß zu jedem Zeitpunkt geordnete Warteschlangen
von aktiven Verrichtungen vor allen Maschinen existieren.

Die unterste Ebene von Patriarch stellt die ONS dar. Sie baut
auf den gefundenen Maschinenlisten der OFP auf, doch werden
jetzt die aktuellen Verfügbarkeitstermine der Verrichtungen,
Systemstörungen und menschliche Interventionsmöglichkeiten berücksichtigt. Die Prioritätslisten werden im allgemeinen nicht
mehr verändert mit der Einschränkung, daß jeweils die verfügbare Verrichtung mit höchster Priorität eingeplant wird. Ist einmal eine auf Grund der Maschinenliste aktuelle Verrichtung
nicht verfügbar, werden zunächst die Möglichkeiten der Unterbrechung und der erzwungenen Wartezeit untersucht. Treten aber
größere Veränderungen in der aktuellen Einplanungssituation gegenüber der angenommenen Planungssituation der vorherigen Stufe
auf, so müssen die Maschinenlisten entsprechend dem Vorgehen
der OFP angepaßt werden. Bei gravierenden Veränderungen muß unter Umständen die OFP nochmals vollständig durchgeführt werden.

7.1.2. BOTTOM UP

Nicht immer treten die Probleme der Systeminitialisierung in
der bisher beschriebenen Form auf. Für FFS mit Maschinen, die
auch während des Systembetriebs ohne oder mit vernachlässigba-
rem Rüstaufwand mit Werkzeugen bestückt werden können, verlie-

ren die Probleme von Auftragsbildung, Maschinengruppierung und Werkzeugbestückung in der bisher beschriebenen Form an Bedeutung. Auch die Probleme des Systembetriebs müssen nicht immer sequentiell gelöst werden. Einschleusung, Routenwahl und Maschinenbelegung können manchmal als ein einziges Ablaufplanungsproblem off-line formuliert und simultan gelöst werden. Eine flexible Werkzeugversorgung der Maschinen ermöglicht es, die OFP-Ebene stärker mit der der ONS zu koppeln und die Optimierungsspielräume zu vergrößern. Im Sinne eines bottom-up Ansatzes können dann Planung und Steuerung unter gewissen Annahmen gleichermaßen algorithmisch effizient unterstützt werden. Dazu müssen nur noch das Problem der Auftragsbildung und ein einziges Ablaufplanungsproblem gelöst werden.

Bevor das System für die Bearbeitung einer Teilmenge von freigegebenen Aufträgen vorbereitet wird, besteht die Menge der verfügbaren Maschinen entweder aus universell qualifizierten, sich ersetzenden Maschinen, aus teilspezialisierten, sich ergänzenden Maschinen oder aus der Kombination beider Maschinentypen. Im Falle sich ersetzender Maschinen kann jede Maschine potentiell alle Aufträge bearbeiten. Ihre endgültige Qualifizierung wird erst durch die jeweils aktuelle Werkzeugbestückung festgelegt. Im Falle von teilspezialisierten Maschinen sind die Bearbeitungsmöglichkeiten auch schon vor der Werkzeugbestückung eingeschränkt, d.h. nicht alle Maschinen lassen sich mit allen Werkzeugen ausrüsten. Der Vollständigkeit halber wollen wir annehmen, daß mindestens eine Maschine zur Ausführung jeder Verrichtung eines in der betrachteten Planungsperiode zu bearbeitenden Fertigungsvorrats zur Verfügung steht.

FFS, die überwiegend mit sich vollständig ersetzenden Maschinen, rollierender Werkzeugbestückung während des Systembetriebs und dynamischer, zentraler Werkzeugversorgung ausgestattet sind, besitzen eine größere Systemflexibilität als solche Systeme, die für jede Planungsperiode bezüglich Maschinengruppierung und Werkzeugbestückung neu initialisiert werden müssen (vgl. u.a. Carrie und Petsopoulos 1985, Carrie und Perera 1986, Lee und Mirchandani 1986). Wie eine Studie von Jaikumar und van

Wassenhove (1987) ergeben hat, geht der Trend zu solchen FFS, die zum größten Teil über identische, sich ersetzende Maschinen mit hoher Ausfallsicherheit verfügen.

Jeder Fertigungsauftrag läßt sich in eine Menge von Teilaufträgen (TA) zerlegen. Ein TA besteht aus der Menge der Verrichtungen, die an der Aufspannung einer Palette durchzuführen sind. Dabei lassen sich zwei Fälle unterscheiden: (1) alle Verrichtungen eines TA lassen sich in beliebiger Reihenfolge ausführen oder (2) bei der Durchführung der Verrichtungen ist eine vorgegebene Präzedenzstruktur einzuhalten. Weiterhin ist es möglich, daß (3) alle TA eines Auftrags ohne Berücksichtigung von Vorrangbeziehungen bearbeitet werden können oder daß (4) gegebene Präzedenzen auch für die einzelnen TA einzuhalten sind. Keine Verrichtung eines TA kann zur gleichen Zeit von mehr als einer Maschine durchgeführt werden, da sich kein aufgespanntes Werkstück zum gleichen Zeitpunkt an mehreren Orten befinden kann, und keine Maschine kann ohne Beschränkung der Allgemeinheit zu einem Zeitpunkt mehr als einen Auftrag bearbeiten, d.h. wir nehmen an, daß zum gleichen Zeitpunkt immer nur ein einziges Werkstück von ihr bearbeitet wird.

Zur Modellierung dieser Anforderungen lassen sich zwei Möglichkeiten unterscheiden. Entweder wird bei der Zuordnung von TA zu den Maschinen die vorgegebene Präzedenzstruktur der zugehörigen Verrichtungen explizit berücksichtigt oder alle Bearbeitungsvorgänge eines TA werden zu einer einzigen, neuen Makroverrichtung zusammengefaßt, zu deren Durchführung eine Menge von Werkzeugen benötigt wird und deren Durchführungsdauer der Summe der benötigten Dauern für die Bearbeitung der Einzelverrichtungen entspricht. Die zweite Möglichkeit setzt voraus, daß alle TA auch vollständig von jeder der zur Verfügung stehenden Maschinen bearbeitet werden können, d.h., daß es sich bei allen benötigten Maschinen für ein zu fertigendes Auftragsspektrum um universell qualifizierte, sich ersetzende Maschinen handelt. Ist dies nicht der Fall, d.h., es sind auch sich ergänzende Maschinen zu berücksichtigen (im Extremfall enthält das System ausschließlich sich ergänzende Maschinen), können nur diese

Verrichtungen eines TA zusammengefaßt werden, die auch von jeder Maschine bearbeitet werden können. Verrichtungen, für die
nur eine Teilmenge der zur Verfügung stehenden Maschinen geeignet ist, müssen weiterhin isoliert betrachtet werden und durch
die Einführung geeigneter Präzedenzstrukturen muß die Möglichkeit der Parallelverarbeitung aller Verrichtungen eines Auftrags ausgeschlossen werden. Eine Zusammenfassung von TA zu Ma-
kro-TA ist generell nicht möglich, da eine Bearbeitung verschiedener TA eine neue Aufspannung und damit einen Rüstvorgang
außerhalb des Systems erfordert.

Zur Verdeutlichung der bottom-up Vorgehensweise soll im folgenden beispielhaft eine Systemkonfiguration betrachtet werden,
die aus sich vollständig ersetzenden Maschinen besteht, wobei
die Fälle unbeschränkter und beschränkter Werkzeugverfügbarkeit
unterschieden werden sollen. Neben der Minimierung von Transportvorgängen und Zwischenlagerbeständen sollen die Ziele des
Systembetriebs (Z1) die Minimierung der Durchlaufzeiten bzw.
(Z2) die Einhaltung von vorgegebenen Fertigungsendterminen für
die Aufträge und der dazu äquivalenten Zielkriterien (vgl. Kapitel 6) sein. Beispielhaft wird hier nur die Problemstellung
untersucht, bei der jeder Auftrag aus einem einzigen TA besteht
und alle Verrichtungen eines TA sich zu einer Makroverrichtung
zusammenfassen lassen. Weiterhin wird angenommen, daß das zu
fertigende Teilemix nach Art und Anzahl bekannt ist.

Für die jeweils gegebene Fragestellung ergibt sich ein Zuord-
nungs- und ein Reihenfolgeproblem, deren Lösung Einschleusung,
Routenwahl, Maschinenbelegung und schließlich auch die Werkzeugbestückung vorgibt. Das Maschinengruppierungsproblem wird
nur noch implizit betrachtet. Dieser Modellierungsansatz besitzt mehr Freiheitsgrade und damit einen größeren Optimie-
rungsspielraum als die Trennung der Aufgaben der Systemvorbe-
reitung von denen des Systembetriebs. Es wird nun nur noch ein
einziges Ablaufplanungsproblem untersucht, aus dessen Lösung
alle anderen Fragestellungen von Initialisierung und Betrieb
beantwortet werden können. Pläne, die mit dieser Art eines bottom-up Ansatzes gefunden werden, sind nie schlechter als

solche, die aus einer top-down Vorgehensweise resultieren. Will man dabei auch auf eine a-priori-Maschinengruppierung nicht verzichten, läßt sich dieser Ansatz weiterhin anwenden, wenn auch mit eingeschränktem Freiheitsgrad. In diesem Fall wird die Werkzeugbestückung der Maschinengruppen ebenfalls aus der Lösung des Ablaufplanungsproblems abgeleitet.

Die Optimierung der individuellen Systemverweilzeiten der Aufträge wird durch die Bildung von Makroverrichtungen unterstützt. Eine Minimierung der Transportvorgänge wird global durch die Konstruktion von TA erreicht. Zur Minimierung der Summe der Systemverweilzeiten und damit der Zwischenlagerbestände läßt sich ein optimaler Plan durch die Anwendung der KOZ (Kürzeste Operationszeit Zuerst) -Regel generieren. Bezüglich der Zielfunktionen (Z1) und (Z2) ist aus komplexitätstheoretischen Analysen bekannt, daß die entsprechenden Ablaufplanungsprobleme schwer lösbare kombinatorische Optimierungsprobleme sind, sofern man eine Unterbrechbarkeit der Verrichtungen nicht zuläßt. Für diese Problemstellungen ist es somit unwahrscheinlich, schnelle, für zeitkritische Anwendungen geeignete, optimale Verfahren zu finden, die auf großen, allgemeinen Problemausprägungen arbeiten.

Eine Alternative bieten Heuristiken, die eine möglichst gute Lösung in kurzer Zeit finden. Durch die worst-case Analyse ist bekannt, daß die LOZ (Längste Operationszeit Zuerst) -Regel im Falle von identischen, sich ersetzenden Maschinen für (Z1) Pläne erzeugt, die nie (4/3 - 1/3m) mal schlechter sind als das Optimum, wobei m die Anzahl der Maschinen im System angibt. Müssen innerhalb der TA Vorrangbeziehungen berücksichtigt werden, lassen sich mit dieser Regel Pläne konstruieren, die nie (2-1/m) mal schlechter sind als das Optimum (vgl. zu beiden Resultaten Graham 1969). Eine probabilistische Betrachtungsweise läßt die Aussage zu, daß die LOZ-Regel asymptotisch-absolut beinahe sicher das Optimum findet (Frenk und Rinnooy Kan 1984). Andere verfügbare Listenalgorithmen und deren approximative Lösungsgüten werden in Coffman et al. (1984) diskutiert. Unterscheiden sich die Maschinen bezüglich der Effizienz mit der sie die einzelnen Werkstücke bearbeiten können, so läßt sich ein heuristisches Verfahren angeben, das für (Z1) Pläne erzeugt, die niemals schlechter sind als die doppelte Länge des Optimums (Lenstra et al. 1987).

Läßt man Unterbrechbarkeit (Präemption) der Verrichtungen zu, so existieren äußerst schnelle, exakte Lösungsverfahren. Unterbrechbarkeit bei der Verrichtungsdurchführung zuzulassen, scheint bei der Technologie von FFS ein durchaus gangbarer Ansatz, da Umrüstzeiten auf den Maschinen praktisch nicht mehr auftreten. Beeinflußt durch Umrüsten werden jetzt hauptsächlich nur noch das Materialhandhabungssystem, die Werkzeugversorgung und die Bereitstellung der NC-Programme. Ist es nun möglich, die Anzahl der auftretenden Unterbrechungen auf ein zulässiges bzw. wünschenswertes Maß zu begrenzen, besitzt dieser Ansatz mehrere Vorteile. Pläne, bei denen Verrichtungen unterbrochen werden dürfen, sind nie schlechter bezüglich der meisten relevanten Zielkriterien als Pläne, bei denen auf Unterbrechbarkeit von vornherein verzichtet wird. Dies bedeutet, daß durch eine entsprechende Nutzung der Technologie von FFS das Produktionsziel mit geringeren Kosten erreichbar ist. Die Bildung von Makroverrichtungen bietet den Vorteil, daß die Anzahl der Transportvorgänge und die Zwischenlagerbestände im System minimiert werden. Die Qualität der Fertigung wird durch die Vermeidung von Neupositionierungen der Werkstücke an den Maschinen dann günstig beeinflußt, wenn die Anzahl der erzeugten Unterbrechungen klein bleibt.

Unterbrechungen treten in einem Ablaufplan immer dann auf, wenn eine Verrichtung nicht vom ersten bis zum letzten Bearbeitungsvorgang von ein und derselben Maschine kontinuierlich gefertigt wird. Es können zwei Arten von Unterbrechungen unterschieden werden: Unterbrechungen durch Werkstückwechsel (W-Wechsel) auf der gleichen Maschine und Unterbrechungen durch Maschinenwechsel (M-Wechsel) des gleichen Werkstücks. Im ersten Fall wird mit der Bearbeitung einer Verrichtung j zum Zeitpunkt t auf Maschine i begonnen. Zum Zeitpunkt t' muß i die Bearbeitung einer anderen Verrichtung j' ausführen, wobei j in t' noch nicht

vollständig bearbeitet ist. Die Bearbeitung von j wird in t''
von i wieder aufgenommen. Im zweiten Fall wird die Bearbeitung
von j in t' auf i beendet und zu einem Zeitpunkt t''>t' auf einer anderen Maschine i' fortgesetzt.

Die Auswirkungen beider Unterbrechungstypen auf den Fertigungsprozeß sind unterschiedlich. Bei einem W-Wechsel muß das entsprechende Werkstück in einem lokalen oder zentralen Lager zwi-
schengelagert werden, während bei einem M-Wechsel neben einer
etwaigen Zwischenlagerung ein Transportvorgang zu einer anderen
Maschine ausgeführt werden muß. Dabei ist darauf zu achten, daß
zwischen dem Fertigungsende auf der Maschine i und dem Ferti-
gungsbeginn auf i' ein genügend großes Zeitintervall liegt, um
den Transportvorgang von i nach i' ausführen zu können. Die Anzahl der benötigten Zwischenlagerplätze im System ist nie größer als die Anzahl der durch den Plan erzeugten Unterbrechungen.

Im folgenden wird davon ausgegangen, daß alle Verrichtungen,
die an einem Auftrag durchzuführen sind, zu einer einzelnen Makroverrichtung zusammengefaßt werden können. Zunächst wird das
oben formulierte Ablaufplanungsproblem mit unbeschränkter Werkzeugverfügbarkeit betrachtet (i) und darauf aufbauend dann der
beschränkte Fall (ii).

(i) Für die unbeschränkte Werkzeugverfügbarkeit wird angenommen, daß die zu jedem Zeitpunkt von den Maschinen benötigten
Werkzeuge in ausreichender Anzahl verfügbar sind, sie also keine zusätzliche Ressourcenbeschränkung darstellen. Jede Maschine
ist zur Durchführung aller Verrichtungen geeignet. Die Durchführungsdauer jeder Verrichtung ist unabhängig von den Maschinen, bekannt und fest vorgegeben.

Im Fall von (Z1) läßt sich mit Hilfe des Verfahrens
von McNaughton (1959) ein optimaler Ablaufplan mit einer Zeitkomplexität von $O(n)$ erzeugen, wobei n die Anzahl der Aufträge
angibt und $g(x)=O(f(x))$ ist, falls eine Konstante c existiert,
so daß $|g(x)| \leq cf(x)$ für alle $x>0$ ist. Er enthält maximal m-1

Unterbrechungen mit m als die Anzahl der Maschinen, die durch
die Aufträge belegt werden. Bei Auftreten einer Unterbrechung
bedeutet dies, daß ein Werkstück auf zwei benachbarten Maschinen i und i+1 gefertigt wird. Auf Maschine i wird die Bearbeitung im Intervall (t, Cmax), mit Cmax als minimaler Planlänge,
und auf Maschine i+1 im Intervall (0, t') mit t'≤t durchgeführt. Reicht nun die Zeitspanne (t-t') nicht für einen Transport des Werkstücks von i+1 nach i aus, muß der Plan im
schlechtesten Fall (falls t'=t) um die maximal benötigte Transportzeit zwischen zwei benachbarten Maschinen verlängert werden. Dies erscheint immer dann möglich, wenn die auftretenden
Transportzeiten im Vergleich zu den gegebenen Bearbeitungszeiten klein sind. Der hier vorgestellte Ansatz läßt sich aufgrund
seiner rechentechnischen Effizienz auch auf der ONS-Ebene im
Sinne einer rollierenden Planung einsetzen. Sind einzelne Maschinen auf Grund von Systemstörungen in bestimmten Zeitinter-
vallen nicht verfügbar bzw. muß die FS ein belegtes System berücksichtigen, so wird das Vorgehen nur auf die verbleibende
Menge der Nutzungsintervalle angewendet. Der algorithmische
Hintergrund zur Lösung dieser Problemstellungen ist in Schmidt
(1984) beschrieben.

Im Fall von (Z2) läßt sich ein zulässiger Ablaufplan mit einer
Zeitkomplexität von O(n log mn) und maximal n-2 Unterbrechungen
generieren (Sahni 1979). Die Möglichkeiten der Planung unter
den Bedingungen der ONS und der Einhaltung vorgegebener Fertigungsendtermine können mit dem in Schmidt (1988) dargestellten
Verfahren ausgenutzt werden.

(ii) Einschränkend zu den auf dem Hintergrund dynamischer Werk-
zeughaltung gemachten Annahmen ist im Fall beschränkter Werkzeugverfügbarkeit die Anzahl der Werkzeuge eines jeden Typs,
die sich gleichzeitig im System befinden können, limitiert und
stellt somit eine zusätzliche Ressourcenbeschränkung dar. Läßt
man Unterbrechbarkeit der Verrichtungen nicht zu, so können
(Z1) und (Z2) in ihrer allgemeinsten Form mit Verfahren der impliziten Enumeration gelöst werden (Talbot 1982, Talbot und
Patterson 1978, Slowinski 1986, Christofides et al. 1987). Je-

doch erscheint der für ein solches Vorgehen benötigte Rechenaufwand auch hier praktischen Erfordernissen nicht zu genügen.

Ohne Berücksichtigung von Präzedenzbeziehungen läßt sich das
präemptive Problem für (Z1) mit dem folgenden linearen Programm
beschreiben (Blazewicz et al. 1983, Slowinski 1980) und effizient lösen.

$$\min \Sigma_{k \in S} x_k; \qquad\qquad\qquad (7.-1.)$$

$$\Sigma_{i-1,\ldots,m} (\Sigma_{k \in S, k_{i}-j} x_k)/p_{ij} = 1, \quad j=1,\ldots,n; \qquad (7.-2.)$$

$$x_k \geq 0, \qquad k \in S. \qquad\qquad\qquad (7.-3.)$$

Dabei sei m die Anzahl der verfügbaren Maschinen, n die Anzahl
der zu bearbeitenden Verrichtungen, S die Menge aller ressour-
cenzulässigen m-Tupel (Durchführungsmodi) $k=(k_1,\ldots,k_m)$ von
Verrichtungsindizes. Jedes k läßt sich dadurch charakterisieren, daß $k_i \in \{0,1,\ldots,n\}$, jedes j in jedem m-Tupel nur einmal
auftritt und der Ressourcenvorrat von allen untersuchten Bele-
gungen zu jedem Zeitpunkt nicht überschritten wird. Für jedes
$k \in S$ sei x_k die entsprechende Zeitdauer, die dem entsprechenden
Durchführungsmodus zugeordnet wird. Eine ähnliche Formulierung
läßt sich auch für (Z2) angeben (Schmidt 1983). Um für beide
Probleme die Anzahl der auftretenden Unterbrechungen und damit
die erforderlichen Transportvorgänge zu minimieren, muß das
schwer lösbare Rundreiseproblem untersucht werden. Bekannte
heuristische Ansätze sind eine praktikable Alternative für diese Aufgabe (Lawler et al. 1985).

Für Probleme mit mehreren Teilaufträgen pro Auftrag, einzuhaltenden Präzedenzbeziehungen und sich ersetzenden bzw. ergänzenden Maschinen sei auf die einschlägige, bereits in Abschnitt
sechs erwähnte Literatur zur Scheduling-Theorie verwiesen. Für
Probleme der beschränkten Werkzeugverfügbarkeit sei insbesondere auf Verfahren hingewiesen, wie sie in Blazewicz et al.
(1986) und de Werra (1984) dargestellt sind.

Eine wichtige Bedingung für die Realisierung dieser Ansätze zur
Lösung von (i) und (ii) ist eine hohe Verfügbarkeit des Trans-

portsystems. Weiterhin muß geprüft werden, ob die Unterbrechung
von Bearbeitungsvorgängen vor ihrem Abschluß durch die NC-
Programmierung und -Programmverwaltung unterstützt werden kann.
Darüber hinaus ist als vielleicht wichtigste Frage zu untersuchen, ob die Qualität von präemptiven Ablaufplänen die benötigten technischen Voraussetzungen rechtfertigt.

7.2. WISSENSBASIERTE KOMPONENTEN

Analytische Ansätze gehen von der Annahme aus, daß es sich bei
den zu untersuchenden Fragestellungen um wohlstrukturierte Probleme handelt. Typischerweise versucht man bei der Lösungsfindung, mit diesen Methoden ein oder mehrere gegebene Zielkriterien unter Einhaltung bekannter Nebenbedingungen möglichst günstig zu erfüllen, d.h. ihre Perspektive ist die Optimierung.

Die mit dem Optimierungsansatz bisher gefundenen Ergebnisse
sind wichtig für das Verständnis der vorliegenden Problemstruk-
turen, führen aber unter anwendungsbezogenen Gesichtspunkten
nicht immer zur Berücksichtigung aller möglichen existierenden
Fragestellungen, die besonders in einem dynamischen Fertigungs-
umfeld auftreten können. Einerseits sind Nebenbedingungen und
Zielkriterien fast nie statisch festgeschrieben, zum anderen
bedarf es neben der Berücksichtigung quantitativer Einflußgrö-
ßen einer starken Beachtung qualitativer Planungsmerkmale. So
sind Störungen des Systems in vielen Fällen nicht vorhersehbar
und die Wichtigkeit der Planungsziele kann sich im Zeitverlauf
verändern. In solchen Fällen muß menschlicher interaktiver Ein-
griff einem FS-System, das hauptsächlich auf analytischen Methoden basiert, zur Seite stehen. Dieser muß, um wirksam zu
sein, auf einem tiefen Verständnis des Fertigungssystems und
der analytischen Steuerungssoftware beruhen. So hängt die Anwendbarkeit und Güte von analytisch geprägten FS-Systemen
hauptsächlich von der Erfahrung und dem Geschick des menschlichen Kontrolleurs ab.

WBS versuchen diese Eigenschaften, die zu einer effizienten Intervention nötig sind, abzubilden. Typischerweise wird ein solches System in Zusammenarbeit von Wissensingenieuren und Bereichsexperten der Werkstatt entwickelt. Der Wissensingenieur extrahiert das Erfahrungswissen des Experten in Form von Heuristiken und setzt diese in Regeln um, deren Anwendung besonders auf bestimmte schlecht strukturierte Problemkonstellationen der FS zugeschnitten sind. Das Ziel dieses Ansatzes besteht weniger im Finden von optimalen oder nahe am Optimum liegenden Lösungen im Sinne der analytischen Ansätze als in der Suche nach befriedigenden Lösungen.

Immer dann, wenn sich solche Planungsergebnisse nicht finden lassen, sei es, daß sie nicht existieren oder ihre Bestimmung zu aufwendig erscheint, versucht man, das Problem solange neu zu formulieren, bis dies möglich ist (vgl. Kanet und Adelsberger 1987). Analytische Ansätze versuchen auch manchmal durch Umformulierung des Problems eine Lösungsfindung möglich zu machen. Diese besteht dann aber meistens in einer Vereinfachung der Repräsentation in dem Sinne, daß bestimmte Algorithmen anwendbar werden. Eine Umformulierung im Rahmen der wissensbasierten Ansätze versucht dagegen das Problem nicht zu vereinfachen, sondern es mit sämtlichen verfügbaren Informationen anzureichern und damit eine starre und statische Modellierung zu vermeiden.

WBS sollten vor allem bei Problemen Anwendung finden, die eine rein analytische Lösung nicht zulassen. Da es sich bei den Problemen der Initialisierung um Probleme mit vorwiegend analytisch algorithmisierbaren Strukturen handelt, sind die im folgenden beschriebenen, ausgewählten WBS auf der Ebene des Systembetriebs angesiedelt. Einige Systeme legen den Schwerpunkt auf die OFP, während andere besonders auf die Fragestellungen der ONS zugeschnitten sind. Wichtig ist, daß die hier vorgestellten Ansätze nicht nur das Problem der Lösungsfindung betrachten, sondern auch Repräsentation und teilweise auch die Evaluation der Lösung unterstützen. Einen Überblick über die Anwendung von WBS in der Produktionsplanung und -steuerung geben Krallmann (1987) und Mertens (1988).

7.2.1. OFF-LINE ORIENTIERTE SYSTEME

Eines der ersten WBS, die für die FS entwickelt wurden, ist
ISIS (Fox und Smith 1984). Es ist regel- und framebasiert, in
SRL (Schema Representation Language) implementiert und für die
Planung der Fertigung von Turbinenteilen bei Westinghouse Elec-
tric entworfen worden. ISIS baut auf dem Ansatz der Einführung
von lokalen Beschränkungen zur Erzeugung eines Ablaufplans
(constraint-directed-reasoning) auf. Hauptziel ist die Einhaltung vorgegebener Endtermine. Durch die lokalen Beschränkungen
wird einerseits problemspezifisches Wissen repräsentiert, andererseits wird die Lösungssuche mit ihrer Hilfe begrenzt und gesteuert. Konflikte werden durch Relaxation bestimmter Nebenbedingungen bzw. durch Berücksichtigung von Alternativen zu gegebenen Beschränkungen aufgelöst. Die Nebenbedingungen enthalten
Informationen über

- organisatorische Ziele wie Liefertermine,
  Zwischenlagerbestände, Kostenbeschränkungen und
  Maschinenausnutzung;
- physische Beschränkungen wie Eignung von Maschinen,
  Produktgröße und Qualitätsanforderungen;
- auftragsspezifische Beschränkungen wie Vorrangbeziehungen und
  Ressourcenanforderungen;
- Verfügbarkeitsbeschränkungen von Ressourcen (Werkzeuge,
  Maschinen, Transportmittel, Zubehör, NC-Programme) und
- Präferenzen bezüglich der Durchführung von Verrichtungen.

Traditionelle Ansätze zur Lösung von Ablaufplanungsproblemen
berücksichtigen im allgemeinen nur eine Teilmenge dieser Beschränkungen. Alle Nebenbedingungen wirken auf zwei Ebenen auf
den zu erzeugenden Ablaufplan. Einerseits gewährleisten sie die
Zulässigkeit und andererseits geben sie Aufschluß über seine
Qualität. Zulässigkeit wird immer durch nicht vernachlässigbare
bzw. nicht modifizierbare Nebenbedingungen beeinflußt, während
Aussagen über die Qualität der Erfüllung von sogenannten weichen Nebenbedingungen unterliegen.

Wie Objekte und Aktionen werden auch die Nebenbedingungen durch

Frames (Schemata) dargestellt. In Abbildung 7.2.-1 sind Beispiele für diese Darstellungsformen angegeben.

```
(( mfg-order-y
   ( IS-A manufacturing - order
     PRIORITY CLASS              : Klasse
     PRIORITY                    : Wert
     STYLE                       : Nummer
     ROWS                        : Anzahl
     DUE-DATE                    : Liefertermin
     SEARCH-OPERATOR             : Arbeitsgang
     STATUS                      : Fertigungsfortschritt
     SCHEDULING-DIRECTION        : Einplanungsverfahren
                                   (vorwärts, rückwärts)
     INITIAL-SEARCH-STATE        : Ausgangszustand )))

(( operation
   ( Is-A act
     NEXT-OPERATION              : Nachfolger
     PREVIOUS-OPERATION          : Vorgänger
     ENABLED-BY                  : Auslösungszustand
     CAUSES                      : Folgezustand
     DURATION                    : Zeitdauer )))

(( wmf1-shift
   ( INSTANCE shift
     MACHINE                     : wmf1
     START-TIME                  :  8.00
     END-TIME                    : 16.00
     DAY                         : (OR Montag, Dienstag, Mittwoch)
   UTILITY                       : 2
   ALTERNATIVE                   : (( INSTANCE shift
                                       START-TIME:   16.00
                                       END-TIME  :   24.00
                                       DAY       :   (OR Montag,
                                                     Donnerstag)
                                    UTILITY      :   1.2
                                    TYPE         :   inklusiv )) )))
```

Abb. 7.2.-1.: Schemata für Objekte, Aktionen und Neben-
              bedingungen

Die im obigen Beispiel angegebene Repräsentation einer Nebenbedingung enthält auch Informationen darüber, in welcher Weise sie bindend ist oder relaxiert werden kann.

Die Menge der Nebenbedingungen wird entsprechend Auftragsauswahl, Kapazitätsanalyse, Ressourcenanalyse und Ressourcenzuordnung hierarchisch abgearbeitet. Bei der Auftragsauswahl wird eine Prioritätenliste der einzuplanenden Aufträge entsprechend Liefertermin und Auftragsklasse gebildet. Die Kapazitätsanalyse hat die Aufgabe, die Kapazität der Werkstatt zu bestimmen. Mit ihr werden die frühesten Start- und die spätesten Endtermine einzuschleusender Verrichtungen im Rahmen der schon bekannten Einplanungsmöglichkeiten und Liefertermine festgelegt. Die Ressourcenanalyse wählt Kanditaten im gegebenen Zeitraster für die Ressourcenzuordnung aus. Der Suchprozeß für die Ressourcenzuordnung besteht aus drei Phasen. Zunächst werden die Grenzen des Lösungsraumes auf Grund der gegebenen Nebenbedingungen festgelegt. Dann wird der Suchraum abgearbeitet und schließlich wird der gefundene Plan evaluiert, d.h. bezüglich der Erfüllung der Nebenbedingungen wird ihm ein Nutzenwert zugeordnet.

Die erste Phase besteht aus den Schritten: Aufnahme von etwaigen neuen Nebenbedingungen; Bestimmung der Nebenbedingungen, die nicht bindend sind; Prioritätenvergabe für die Nebenbedingungen; Auswahl von Operatoren. Alle Schritte werden im Rahmen eines regelbasierten Ansatzes durchlaufen. In Phase 2 wird mit dem gegebenen Ausgangszustand begonnen, und die ausgewählten Operatoren bauen den Suchraum auf. Nach jeder Anwendung eines Operators werden die erzeugten Zustände (Teilpläne) bezüglich des Erfüllungsgrades der Nebenbedingungen bewertet und nur von den n-besten Teilplänen wird weiterverzweigt. Dies geschieht solange, bis ein vollständiger Ablaufplan erzeugt oder dieser nicht gefunden werden kann. In der letzten Phase werden nach Abbruch der Suche die zuletzt erzeugten Zustände analysiert. Hat man keinen oder nur einen unbefriedigenden Ablaufplan gefunden, werden nach einer entsprechenden Diagnose die Phasen 1 bzw. 2 wieder aufgenommen. Im Falle einer befriedigenden Lösung endet das Verfahren an dieser Stelle.

Shaw und Whinston (1986) haben ein in Lisp implementiertes WBS entwickelt, das im Unterschied zum primalen Vorgehen von ISIS einem dualen Ansatz folgt. Ziel des Planungssystems ist es, zulässige Pläne zu erstellen, die bezüglich der gesamten Durchlaufzeit des Auftragsvolumens befriedigend sind. Die Strategie besteht darin, Lösungen zu erzeugen, die sich durch maximale

Parallelität der Bearbeitung der Aufträge auszeichnen, ohne unzulässige Kollisionen hervorzurufen. Zunächst wird ein wünschenswerter Ablaufplan erzeugt, ohne existierende Ressourcenbeschränkungen zu beachten. Darauf aufbauend werden die vorhandenen Kapazitäten berücksichtigt und es wird versucht, einen zulässigen Plan aus der dualen Lösung zu erzeugen, so daß diese in ihrer Struktur möglichst wenig verändert wird.

Die Werkstattwelt ist prädikatenlogisch in einer Datenbank abgelegt. Die Wissensbasis enthält die Operatoren, die bei der Planerstellung zulässig anwendbar ist. Das Inferenzsystem besteht aus den Teilsystemen Operatorensuche, Konflikterkennung und Plangenerator. Das System ist in Abbildung 7.2.-2 dargestellt. Ein Beispiel für die Repräsentation der Werkstattumwelt und einfacher Operatoren ist in Abbildung 7.2.-3. gegeben.

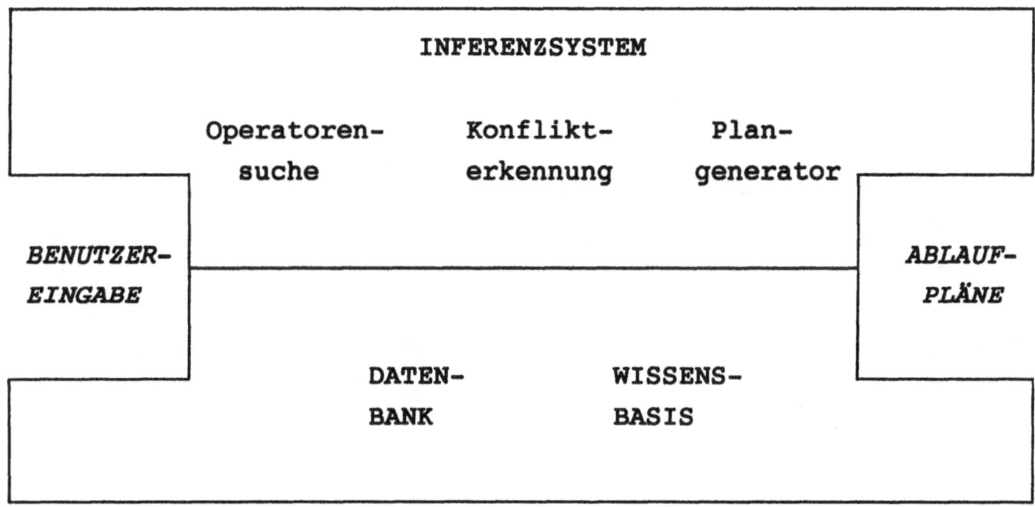

Abb. 7.2.-2.: Die Systemkomponenten

Die Anwendbarkeit eines Operators hängt von der Erfüllung seiner Inputbedingungen durch die aktuelle Werkstattsituation ab. Der Einsatz eines Operators resultiert in einer neuen Werkstattsituation. Diese ergibt sich, wenn man die Inputbedingun-

```
IDLE(M,t):                    Maschine M ist frei zum Zeitpunkt t
MACH-PT(M,OP,PT,t):           Maschine M beginnt Verrichtung OP am
                              Teil
                              PT zum Zeitpunkt t
FINISH-OP(M,OP,PT,t):         Maschine M beendet Verrichtung OP am
                              Teil PT zum Zeitpunkt t
DIFFERENT(M,M'):              Maschine M unterscheidet sich von
                              Maschine
                              M'
PT-NEXTOP(OP,OP',PT):         Verrichtung OP' sollte am Teil PT direkt
                              im Anschluß an Verrichtung OP ausgeführt
                              werden

TRANSFER(M,M',PT,t):          Bringe das Teil PT von Maschine M nach
                              Maschine M' zum Zeitpunkt t
        Precondition:         FINISH-OP(M,OP,PT,t)
                              DIFFERENT (M,M')
                              PT-NEXTOP(OP,OP',PT)
                              MACH-OP(M',OP')
                              IDLE(M',t)
        Add-list:             MACH-PT(M',OP',PT,t)
                              IDLE(M,t)
        Delete-list:          FINISH-OP(M,OP,PT,t)
                              IDLE(M',t)
        Resource:             M'
        Duration:             2
```

Abb. 7.2.-3.: Prädikatenlogische Fakten- und Operatoren-
            darstellung

gen um die Prädikate der Add-Liste erweitert und die der De-
lete-Liste streicht. Die Module der Inferenzkomponente benutzen
entweder Rückwärtsverkettung (Operatorensuche) oder Vorwärtsverkettung (Plangenerator). Die Konflikterkennung ist zwar Bestandteil des Inferenzsystems, hat dort aber nur eine Auslöse-
funktion für die Anwendung des Plangenerators.

Das Problem der OFP wird in die folgenden Teilprobleme zerlegt:
Planerstellung ohne Ressourcenbeschränkungen, Bestimmung von
konkurrierender Ressourcennachfrage, Einführung von Vorrangbeziehungen zur Vermeidung von Konflikten und Planverbesserung.
Das Verfahren beginnt mit der Erstellung eines wünschenswerten
Plans (Zielplan) ohne Berücksichtigung von Ressourcenbeschränkungen im Rahmen von Zustandstransformationen (Zweck-Mittel-
Analyse) für jeden einzelnen Auftrag. Der Suchprozeß ist nach
dem Prinzip der Rückwärtsverkettung organisiert und wird durch

den Modul Operatorensuche ausgeführt. Die Verzweigungsentscheidung wird durch heuristische Bewertungsfunktionen unterstützt. Vorgegebene Randbedingungen wie einzuhaltender Endtermin, Vorrangbeziehungen, physische Inkompatibilität und wechselseitiger Ausschluß von Verrichtungsdurchführungen beschränken den Zustandsraum. Für die Operatorenauswahl werden ebenfalls heuristische Regeln angewandt (KOZ-Regel).

Nach der Planerstellung ohne Berücksichtigung der Kapazitätsbeschränkungen müssen die Ressourcen bestimmt werden, um die die Verrichtungen konkurrieren. Dies geschieht durch den Inferenzmodul Konflikterkennung. Mit Hilfe des Plangenerators werden darauf aufbauend Präzedenzbeziehungen zwischen einzelnen Verrichtungen eingeführt, die den Ressourcenkonflikt auflösen.

Bei beiden hier vorgestellten OFP-orientierten Systemen ist die Anbindung der ONS nur global geregelt und in ihrer Ausgestaltung noch unvollständig. Es wird davon ausgegangen, daß die ONS dem auf der OFP-Ebene erzeugten Ablaufplan mehr oder weniger direkt folgen kann. Für die ONS wird von Shaw und Whinston ein Planrevisionsmodul vorgeschlagen, der bei Auftreten einer Systemstörung einen Alternativplan erzeugt. Dabei wird zunächst der Zustand bei Eintreten der Systemstörung erfaßt. Dann wird die Operatorensuche auf diesen Zustand angewendet und über andere Aktionen ein möglicherweise neuer Zielplan erstellt. Treten kleinere, lokale Störungen auf, wird versucht, keinen vollständig neuen Ablaufplan zu erzeugen, sondern nur die Aufträge umzuplanen, die durch die Störung direkt betroffen sind.

7.2.2. ON-LINE ORIENTIERTE SYSTEME

Die im folgenden vorgestellten WBS sind direkt auf die Anwendung im Rahmen der ONS ausgerichtet. Gemeinsam ist allen Ansätzen, daß sie sich bei der Erzeugung der Steuerungsstrategien am beobachtbaren Systemzustand orientieren.

Ben-Arieh (1986) hat ein WBS in Prolog entwickelt. Das Weltmo-

dell besteht aus einer statischen Datenbank, die Informationen
über die durchzuführenden Arbeiten, die Teilestruktur, die Eignung von Maschinen und ihre Kapazität enthält, und einer dynamischen Datenbank, aus der die aktuellen Informationen über den
gegenwärtigen Status des FFS (Warteschlangen, Stand der Bearbeitung von Teilen etc.) verfügbar sind. Das Aktionsmodell besteht aus Aktionswissen und heuristischem Wissen in Form von
Prioritätsregeln. Das Aktionswissen beschreibt den physischen
Ablauf der Produktion in der Werkstatt, während das heuristische Wissen die Maschinenfolge der Aufträge bestimmt. Aufbauend
auf dem jeweiligen Werkstattstatus werden eine (vorausschauende) Belegungsstrategie mit Hilfe der beiden Wissenskomponenten
des Aktionsmodells bestimmt und die Auswirkung auf die Bearbeitung der Aufträge untersucht. Die beste gefundene Strategie
wird gewählt. Ben-Arieh vergleicht die Ergebnisse dieses dynamischen Ansatzes mit statischen Strategien im Rahmen von Simulationsläufen und zeigt, daß der dynamische, wissensbasierte
Ansatz zu weitaus besseren Ergebnissen führt.

Auch das von Subramanyam und Askin (1986) entwickelte WBS baut
auf der Anwendung von Prioritätsregeln auf. Die Entscheidungs-
hierarchie ist hier detaillierter abgebildet und umfaßt die
Fragen: (1) welcher neue Auftrag soll zur Bearbeitung in das
FFS eingeschleust werden, (2) welche Transportmittel sollen benutzt werden, (3) welche Maschinen sollen die Fertigung durchführen und (4) wie sollen die Warteschlangen vor den einzelnen
Bearbeitungsstationen abgearbeitet werden. Für (1) lautet die
lokal-dynamische Regel: "der nächste Auftrag, der in das FFS
eingeschleust werden soll, ist zunächst unter den Aufträgen zu
suchen, deren Liefertermin auf Grund der noch ausstehenden Ver-
richtungsdauern nicht mehr eingehalten werden kann". Für die
genaue Auswahl ist die größte Terminüberschreitung entscheidend. Können alle Aufträge ohne Verspätung abgeschlossen werden, wird der Auftrag gewählt, dessen erste Verrichtung an einer Bearbeitungsstation ausgeführt werden muß, in dessen Warteschlange der geringste Arbeitsvorrat gebunden ist. Für Entscheidungen bezüglich (2) ist keine Planung erforderlich, da
angenommen wird, daß die Transportkapazitäten immer in ausrei-

chender Höhe vorhanden sind. Für (3) wird die nächste Maschine
auf Grund der folgenden global-dynamischen Regel ausgewählt:
"die nächste Maschine für die Bearbeitung eines Auftrags wird
bestimmt durch die Maschine, die bezüglich der durchzuführenden
Verrichtung zulässig ist und für die gilt, daß das Maximum von
an der Maschine bereits gebundenem Arbeitsvorrat und der Transportzeit zu dieser Maschine minimal ist". Entscheidungen bezüglich (4) werden auf der Grundlage von drei FFS-Kennzahlen getroffen: Systemstatus (hohe Auslastung, mittlere Auslastung,
geringe Auslastung), Maschinenstatus (Überlastung, mittlere
Auslastung, geringe Auslastung) und Auftragsstatus (kritisch
verspätet, gering verspätet, normal).

Zunächst werden vor jeder Entscheidung die genannten Werkstatt-
stati bestimmt, wie beispielsweise mit der folgenden Regel:
> *IF*   utilization of the machine is greater than 0.8
> *THEN* machine is overloaded

Der Defaultwert für den Maschinenstatus ist "geringe Auslastung". Ähnliche Regeln lassen sich für die Bestimmung von Sy-
stem- und Auftragsstatus angeben.

Im nächsten Schritt werden ausgehend von den jeweiligen Werk-
stattstati die wichtigsten Entscheidungsparameter für die Abarbeitung der Warteschlange vor jeder Maschine festgelegt. Ein
Beispiel für Regeln, die die Einhaltung des Liefertermins als
wichtigstes Kriterium enthalten, ist:
> *IF*   system is heavily loaded
> *AND*   machine is overloaded
> *THEN* due-dates are important

Ausgehend von dem aktuell wichtigsten Entscheidungskriterium
wird dann im dritten Schritt die entsprechende zustandsabhängi-
ge Abarbeitungsstrategie der Warteschlange bestimmt:
> *IF*   the important criteria is due-date
> *AND*   the jobs in the queue are only moderately late
> *AND*   due-date of job has been externally determined
> *THEN* select the next job using the "CoverT" rule to
>   minimize the average tardiness of jobs

Der Inferenzmechanismus (Rückwärts- oder Vorwärtsverkettung)
zur Abarbeitung der Regeln ist nicht endgültig festgelegt worden. Ihr mögliches Zusammenspiel zur Festlegung der Abarbeitung
der Warteschlange soll nun an folgendem Beispiel demonstriert
werden.

Schritt 1	Schritt 2	Schritt 3
IF	*THEN (IF)*	*THEN (IF) THEN*
What is the smallest slack value from all slack values of the jobs waiting in the queue? 35min!	The jobs in the queue are moderately late (**)	
		(**) Select the next job using CoverT rule
What is the maximum throughput time for any job from among the jobs that passed through the system in the past one hour? 3 hours!		
How many jobs are there in the system? 26!	System is heavily loaded (*)	
What is the current utilization level of the machine? 0.85!	Machine is overloaded (*)	
		(*) due dates are important(**)
		Are the due dates of jobs been ex-ternally set? y! (**)

Für bestimmte Systemzustände, die nicht explizit in Regeln verarbeitet werden, ist die Default-Strategie zur Abarbeitung der
Warteschlange die FCFS-Regel. Treten nicht von vornherein be-

rücksichtigte Systemzustände auf oder sind zu bestimmten Zeitpunkten spezielle Strategien anzuwenden, dann ignoriert das WBS das hierarchische Konzept und wendet die entsprechende Strategie sofort an. Damit kann das System sehr flexibel auf besondere Steuerungsaspekte reagieren, während in prozeduralen Systemen (konventionelle Programme) alle möglichen Strategien von vornherein festgelegt werden müssen.

Das von Bruno et al. (1986) entwickelte WBS geht über einen one-path Ansatz zur Konstruktion eines Ablaufplans hinaus, indem es noch zusätzlich ein Evaluationswerkzeug einsetzt. Das Verfahren arbeitet sequentiell bezüglich der einzuplanenden Aufträge. Ausgehend von dem aktuellen Systemstatus (Maschinenbelastung, Länge der Warteschlangen, Status der eingeplanten Aufträge etc.) wird zu jedem Zeitpunkt die Entscheidung getroffen, ob ein Auftrag eingeschleust werden soll oder nicht. Auswirkungen von Einplanungsstrategien werden mit Hilfe eines GNM analysiert. Das vorgeschlagene System verbindet die Anwendung von WNM mit Expertensystemtechniken zur Wissensrepräsentation und Problemlösung.

Für die Einschleusungsentscheidung sind zwei Arten von Nebenbedingungen zu berücksichtigen. Zeitliche Nebenbedingungen legen Start- und Endtermine der Aufträge fest und Ressourcenbeschränkungen definieren das zu jedem Zeitpunkt bearbeitbare Auftragsvolumen auf Grund der vorhandenen Kapazitäten. Die Auswahl der Aufträge für die Einplanung erfolgt nach der lokal-dynamischen Prioritätsregel "verbleibende Bearbeitungsdauer zur Fertigstellung des Auftrags / (vorgegebener Endtermin - Starttermin)". Im Anschluß an die Auswahl werden die Auswirkungen von möglichen Einschleusungsentscheidungen auf den Werkstattstatus mit dem GNM analysiert. Falls die durch die Einplanung hervorgerufene Maschinenauslastung und durchschnittliche Warteschlangenlänge vorgegebene Beschränkungen verletzt, wird der entsprechende Auftrag zu diesem Zeitpunkt nicht eingeplant und man analysiert die Freigabe des nächsten einplanbaren Auftrags.

Das System besteht aus zwei zusammenwirkenden Modulen, einem wissensbasierten und einem analytischen. Der Planer ist wissensbasiert und enthält eine Menge von Regeln, während der Analytiker auf Algorithmen zur Evaluation der Planungsstrategien zurückgreift, um die Güte der Entscheidungen abschätzen zu können. Der Planer übernimmt dabei die folgenden Aufgaben: die Erzeugung von Systemzuständen, die die quantitativen Bedingungen angeben, ob mit der Bearbeitung einer Verrichtung begonnen werden kann; die Zeitaktualisierung, die den zeitlichen Eintritt der Zustände festlegt und daraus die zeitlichen Bedingungen für die Durchführung einer Verrichtung ableitet; die Bearbeitungsveranlassung, die nach Prüfung von quantitativen und zeitlichen Bedingungen die Durchführung einer Verrichtung festlegt. Diese Aufgaben werden iterativ durchlaufen, bis alle einzuplanenden Aufträge ausgeführt worden sind oder das Ende eines vorgegebenen Planungsintervalls eingetreten ist. Liegt die Einplanungsstrategie fest, so läßt sich der Systemzustand durch die einzu-

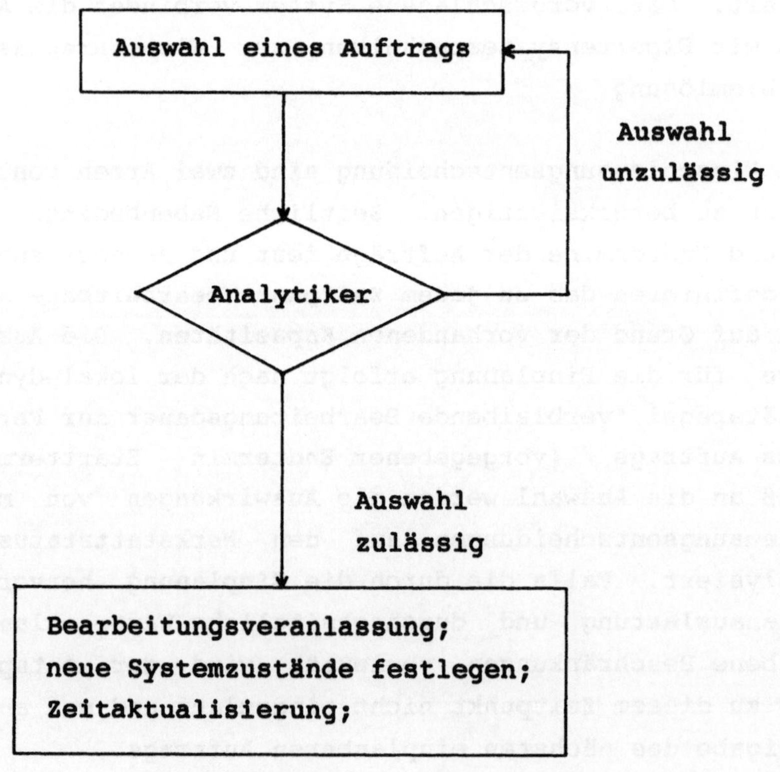

Abb. 7.2.-4..: Interaktion zwischen Planer und Analytiker

120

planende Auftragsmenge beschreiben. Diese benutzt der Analytiker im Rahmen des GNM zur Bestimmung des Auslastungsgrades der Maschinen, der durchschnittlichen Warteschlangenlänge und des Auftragsdurchsatzes. Die Interaktion zwischen Planer und Analytiker ist in Abbildung 7.2.-4. dargestellt. Die Regeln zur Durchführung der drei Aufgaben sind in Abbildung 7.2.-5. in höherer Form dargestellt.

```
AUFGABE 1 ERZEUGUNG VON SYSTEMZUSTÄNDEN
1          machine_up
2          machine_down
3          lot_available
4          lot_completed
5          if there is a lot L in the state processing then
           generate an event lot_completed referring to L
           at the current_time + (L.total_number-L.current_
           number)/L.throughput;

AUFGABE 2 ZEITAKTUALISIERUNG
1          discard_events
2          update_simulation_time

AUFGABE 3 BEARBEITUNGSVERANLASSUNG
SUBTASK UPDATING
1          lot_completion
           if there is an event e of type lot_completed
           referring
           to lot L then update its current number of parts,
           modify L.state to finished, remove L from FMS,
           update the throughputs of the other lots in FMS,
           release the fixture L.fix, cancel the event e
2          lot_suspension
3          update_number_of_parts
4          lot_availablity
5          machine_down
6          machine_up
SUBTASK INSERT LOTS
7          lot_insertion
           if there is a lot L in the state available
           and the fixture L.fix is free and there is no other
           lot
           which satisfies the same conditions and has a higher
           priority and has not yet been considered at this time
           and lot L can be introduced into the FMS then
           get the fixture L.fixt,
           modify L.state to processing,
           introduce L into the FMS;
```

Abb. 7.2.-5.: Aufgaben des Planers

Die Implementierung des Planers ist in OPS5 realisiert. Das

Programm enthält eine globale Datenbasis und eine Menge von Regeln, die auf sie zugreifen. Jedes Objekt der Datenbasis besteht aus Tupeln von Attribut-Wert-Paaren. Das OPS5-Inferenz-
system arbeitet auf einer Recognition-Action-Schleife, wobei in
jedem Durchlauf der konditionale Teil der Regel mit den Zu-
standsbeschreibungen des Arbeitsspeichers verglichen wird, bevor eine Ausführung der Regel ausgelöst wird.

7.3. SYSTEMINTEGRATION

Bisher gibt es nur sehr wenige FS-Systeme, die ein ganzheitli-
ches Konzept verfolgen und fortgeschrittene Lösungstechniken
beinhalten. Der Schwerpunkt bisheriger Ansätze zur Lösung der
Probleme der FS liegt auf einer isolierten Betrachtungsweise
der verfügbaren Methoden und ihrer Nutzbarmachung für den Problemlösungsprozeß. Was fehlt, ist eine problemangepaßte Verbindung aller Werkzeuge auf dem Hintergrund einer integrativen Architektur. In diesem Sinne ist es das Ziel der Systemintegrati-
on, die Methoden der wissensbasierten Ansätze, der analytischen
Modelle und der Simulation im Rahmen einer geeigneten Konfiguration des Gesamtsystems unter Freisetzung von synergetischen
Effekten zu verschmelzen.

WBS, die nur menschliches Wissen reproduzieren, werden wahrscheinlich auch keine fundamental besseren Antworten auf die
Probleme der FS finden als es der abgebildete Experte kann.
Analytische und simulative Ansätze können zwar dem menschlichen
Problemlöser überlegen sein, doch ist ihr Anwendungsfeld beschränkt. Ein Steuerungssystem, daß einerseits einen Teil der
Intelligenz des menschlichen Problemlösers abbildet und dabei
andererseits auch analytische Techniken und Methoden der Simulation einsetzt, ist einem stand-alone Modus der möglichen Pro-
blemlösungsansätze vorzuziehen (O'Keefe 1985).

Unter Bezug auf die bisher vorgestellten Vorgehensweisen versucht das im folgenden mit IFS beschriebene Konzept zur intelligenten Steuerung, geeignete Ansätze zur Lösung der Aufgaben

der FS bei FFS im Sinne sich ergänzender Komponenten unter Vermeidung individueller Schwächen und Ausnutzung der jeweiligen Stärken problemangepaßt zu verknüpfen. Dabei fließen theoretisches Wissen, besonders aus dem Bereich der kombinatorischen Optimierung und der WNM-Analyse, experimentelle Möglichkeiten der Simulation sowie praktische Erfahrungen, wie sie auf der Werkstattebene bereits existieren, zusammen. Der Ursprung eines solchen Vorgehens liegt im Bereich des interaktiven Computing (Godin 1978) mit der Ergänzung, daß der menschliche Dialogpartner durch wissensbasierte und problemangepaßte analytische Module noch zusätzlich unterstützt wird.

Der Problemlösungsprozeß im Rahmen der FS bei FFS läßt sich durch ein allgemeines Vorgehen menschlicher Problemlöser zur Bearbeitung von Entscheidungsproblemen im Sinne von Analyse, Konstruktion und Bewertung abbilden. Zunächst werden in einer Analysephase die zu berücksichtigenden Rahmenbedingungen, die gegebenen Problemparameter und die für die jeweilige Entscheidungssituation relevanten Zielkriterien untersucht und festgelegt. Rahmenbedingungen bestehen aus harten und weichen Nebenbedingungen. Harte Nebenbedingungen sind Restriktionen, die durch eine Problemlösung nicht verletzt werden dürfen, und weiche Nebenbedingungen sind Prioritäten, an denen die Qualität der Entscheidungsfindung ähnlich wie an der Erfüllung der Zielkriterien gemessen wird. Der Grad ihrer Realisierung steht somit in bestimmten Bandbreiten zur Disposition. Prioritäten nehmen also eine Zwischenstellung zwischen Restriktionen und Zielkriterien ein. Aufbauend auf der Analysephase werden entsprechende Entscheidungsalternativen für die zur Lösung anstehenden Probleme generiert. Dies geschieht in einer Konstruktionsphase. Schließlich werden im Rahmen einer Bewertungsphase die Entscheidungsalternativen evaluiert und eventuell Rückkopplungen zur Analysephase ausgelöst.

Das intelligente FS-System bildet dieses Problemlösungskonzept ab und arbeitet auf einer geschlossenen Analyse-Konstruktions-Bewertungs- (AKB-) Schleife mit Feedbackmechanismen auf den Ebenen OFP und ONS. Die Bereiche der Planungs- und Steuerungs-

entscheidungen und ihre Interaktion sind in Abbildung 7.3.-1.
dargestellt. Der OFP Modul besteht aus einer Analyse- (A), einer Konstruktions- (K) und einer Bewertungskomponente (B). Zunächst wird die Problemstellung mit Hilfe von A analysiert und
daraus Vorgaben im Sinne von Rahmenbedingungen für K erzeugt.

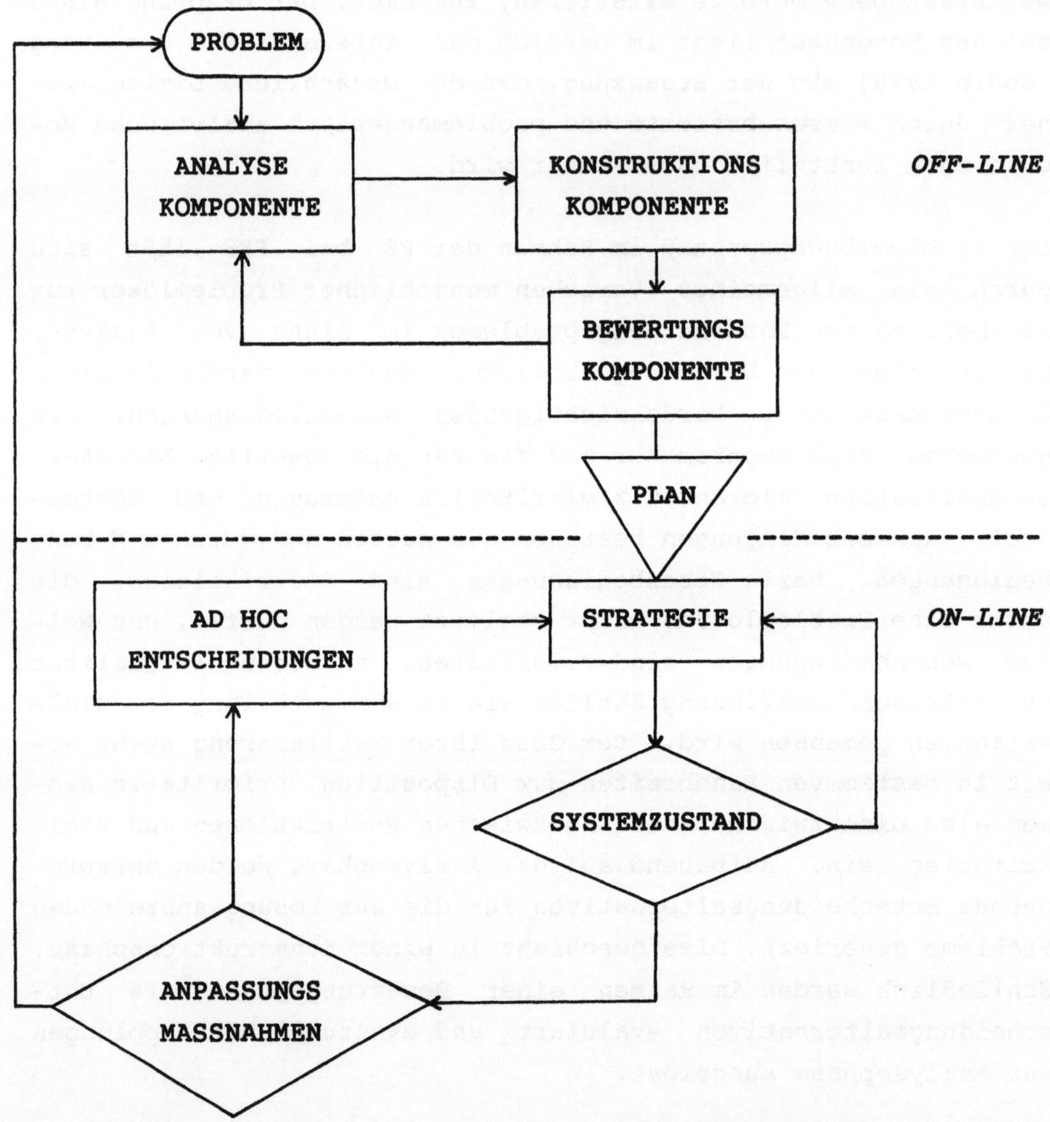

Abb. 7.3.-1.: Planungs- und Steuerungsmodule von IFS

Aufbauend auf den Ergebnissen der Analysephase werden durch K

124

eine oder mehrere Problemlösungen generiert, die dann von B
evaluiert werden. Sind die Ergebnisse der Bewertungsphase für
den Anwender zufriedenstellend, wird die gefundene Lösung akzeptiert. Ist dies nicht der Fall, so wird die Feedbackschleife
AKB solange durchlaufen, bis die gefundene Lösung das gewünschte Ergebnis liefert oder keine weiteren Verbesserungen angestrebt werden. In diesem Fall wird der OFP Teil verlassen und
der ONS Modul aufgerufen. Dieser übersetzt die off-line Lösung
in eine on-line Strategie, der solange gefolgt wird, wie das
System im für die OFP modellierten Betrieb läuft. Treten Störungen auf, müssen kurzfristige Anpassungsstrategien in Form
von ad-hoc Entscheidungen getroffen werden. Hält die Störung
über einen längeren Zeitraum an, springt das System wieder auf
den OFP Modul über und erzeugt im Rahmen der AKB-Schleife Al-
ternativstrategien, die dann solange ausgeführt werden, bis
wiederum ein neuer Systemzustand eintritt.

Die Analysekomponente beschreibt die jeweils vorliegende Problemsituation so, daß sie von der Konstruktionskomponente verarbeitet werden kann. Im wesentlichen werden dabei die zu berücksichtigenden Restriktionen, Prioritäten und Zielkriterien
bereitgestellt. A basiert auf wissensbasierten Ansätzen, wie
sie für Diagnoseprobleme aus der künstlichen Intelligenz bekannt sind (Clancey 1984). Unterstützt wird sie dabei von analytischen Methoden, die auf den Modellen der Warteschlan-
gennetzwerke und der Perturbationsanalyse aufbauen. Dies ist
immer dann erforderlich, wenn die nötigen Informationen zur
Formalisierung der Problemsituation noch präzisiert werden müssen. Als Beispiel sei hier der Wunsch nach einem möglichst hohen Systemdurchsatz im Rahmen der Initialisierungsphase des FFS
und dessen Ableitung in eine operational handhabbare Zielfunk-
tion im Sinne einer möglichst gleichmäßigen Maschinenauslastung
angeführt (vgl. Kapitel 5.).

Die Konstruktionskomponente erzeugt Lösungen für die OFP im
Rahmen von Systeminitialisierung und Systembetrieb. Sie basiert, abhängig von der Komplexität der vorliegenden Problemstellung, auf Verfahren der Optimalplanungsmethodik und auf

heuristischen Problemlösungsansätzen, wie sie aus der kombinatorischen Optimierung bekannt sind, und auf wissensbasierten
Ansätzen. Leider lassen sich durch dieses Vorgehen in den meisten Fällen nur statische Problemrepräsentationen verarbeiten.
Die Dynamik innerhalb des Systems ist so wenn überhaupt, nur
sehr ungenau abbildbar. Um die erforderlichen Antworten für
diese Betrachtungsweise zu erhalten, baut die Bewertungskomponente auf deskriptiven Modellen in Form von Warteschlangennetzwerken auf aggregiertem Niveau oder der Simulation auf detaillierter Ebene in Verbindung mit Techniken der Sensitivitätsanalyse auf. Mit ihnen lassen sich die Ergebnisse der konstruktiven Modelle evaluieren. Da detaillierte Betrachtungen der Systemdynamik erst auf der Ebene des Systembetriebs möglich werden, erscheinen im Rahmen der Systeminitialisierung deskriptive
Modelle, die auf aggregiertem Niveau arbeiten, besonders geeignet zu sein, während im Rahmen des Systembetriebs simulativen
Techniken der Vorzug zu geben ist (Flitman und Hurrion 1987,
Özdemirel und Satir 1987).

Die AKB-Schleife wird durch die Rückkopplung von B zu A geschlossen. Ist die bisher gefundene Lösung auf Grund der Ergebnisse der Evaluation für den Anwender nicht akzeptabel, so muß
A im Sinne einer Diagnose der Ablehnungsgründe neue Nebenbedingungen und Prioritäten sowie gegebenenfalls auch veränderte
Zielkriterien für einen erneuten Durchlauf der Module K und B
bereitstellen.

Die Aufgabe der Systeminitialisierung besteht in der Bereitstellung der Flexibilität zur Erzeugung und Implementierung
wünschenswerter Ablaufpläne. Darauf aufbauend werden die Probleme des Systembetriebs untersucht. Auch hier muß die OFP versuchen, eine möglichst große Flexibilität für die ONS bereitzustellen. Die OFP setzt auf der Ebene bekannter, statischer Informationen auf, während sich die ONS nach den jeweils relevanten Planungsanforderungen und dem existierenden Systemzustand
richtet. Die ONS muß unvorhersehbare Ereignisse wie beispielsweise Ausfälle von Systemelementen, neu hinzukommende Fertigungsanforderungen oder auch stornierte Aufträge berücksichti-

gen. Das Ziel auf der Ebene der OFP ist es, Ablaufplanungsstrategien für den Normalbetrieb bzw. auch für länger anhaltende Systemstörungen des FFS zu entwickeln. Hierzu bieten sich neben der bereits beschriebenen bottom-up Vorgehensweise insbesondere qualifizierte Heuristiken an, die in Interaktion mit Simulationsläufen entwickelt und durch die Analysekomponente weiter verbessert werden können. Die Suche nach geeigneten Strategien braucht sich nicht nur auf den Normalbetrieb des Systems beschränken, sondern kann unter Berücksichtigung geeigneter Störungsszenarien auch vorausschauend betrieben werden. Im Rahmen der ONS sind neben Anpassungsstrategien mit längerfristigem Charakter punktuelle Eingriffe in den Systembetrieb nötig, die die Form von ad-hoc Entscheidungsregeln haben. Eine analytische Algorithmisierbarkeit schneller Anpassungsreaktionen ist in den meisten Fällen nicht möglich, so daß die Kompetenz des menschlichen Problemlösers für die Qualität solcher Realzeit-Entscheidungen von ausschlaggebender Bedeutung ist. On-line orientierte WBS, die den jeweiligen Zustand des Systems berücksichtigen und darauf aufbauend Entscheidungen für eine Realzeit-Steuerung vorbereiten, können einen wichtigen Beitrag in dieser Richtung liefern (Schmidt 1987, Sharit und Salvendy 1987).

Für die OFP bedarf es im Rahmen des iterativen Prozesses Analyse-Konstruktion-Evaluation besonders geeigneter Diagnoseverfahren für eine schnell konvergierende und robuste Entscheidungsfindung. Auch auf der Ebene der ONS kommt dem Feedback große Bedeutung zu. Steuerungsentscheidungen und ihre entsprechenden Konsequenzen sollten protokolliert und mit dem Ziel ausgewertet werden, aus vergangenen Entscheidungen Rückschlüsse für aktuelle Problemstellungen ziehen zu können. In ähnlichem Zusammenhang ist die Unterstützung der Auswahl qualifizierter Strategien für den Normalbetrieb unter sich wandelnden Restriktionen und Zielvorgaben durch entsprechende Kontrollparameter zu sehen.

Eine detaillierte Ausgestaltung aller Module des intelligenten Steuerungskonzepts muß in Abhängigkeit von der zugrunde liegen-

den Fertigungsstruktur, der FS-Umgebung, der vorhandenen FFS-
Architektur und den existierenden Systemkomponenten vorgenommen
werden. Im folgenden soll deshalb nur beispielhaft die Arbeitsweise des intelligenten FS-Systems dargestellt werden (vgl. Abbildung 7.3.-2.).

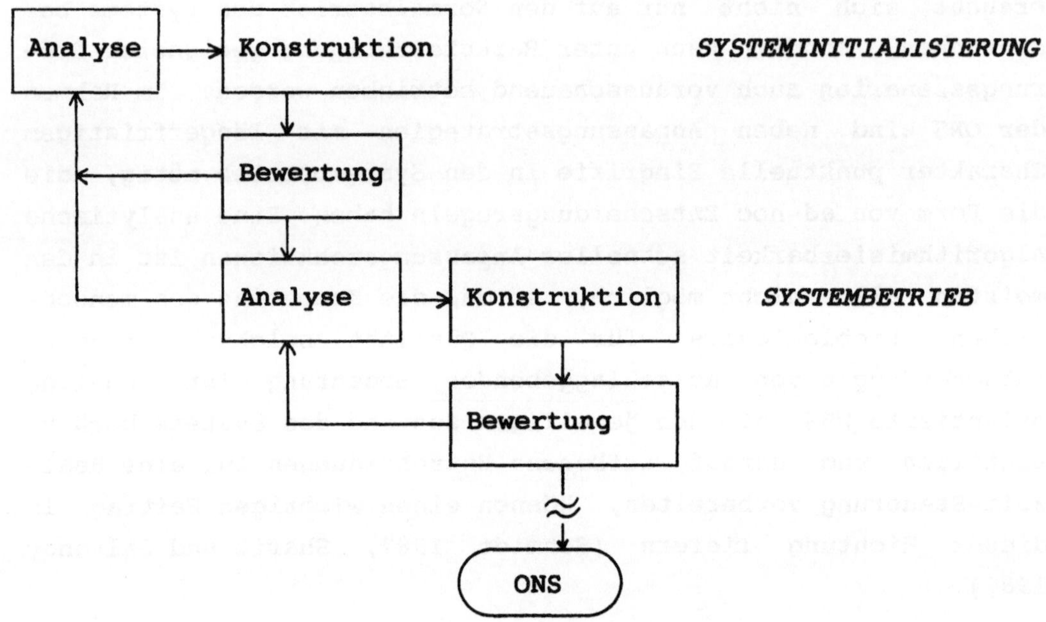

Abb. 7.3.-2.: Ablauf der off-line Planung

Zunächst sind die Probleme der Systeminitialisierung im Rahmen
der OFP zu lösen. Zu diesem Zweck legt A Prioritäten, Restriktion und Zielvorgaben basierend auf deskriptiven Modellen wie
der WNM und Expertenwissen für K fest. Darauf aufbauend versucht K eine zulässige Initialisierungslösung zu erzeugen. Im
Falle ihrer Existenz wird diese von B übernommen und mit Hilfe
eines WNM unter Berücksichtigung dynamischer Aspekte evaluiert.
Wird das von K gelieferte Ergebnis von B akzeptiert, liegt die
Systeminitialisierung fest. Im anderen Fall wird wiederum A
aufgerufen und auf dem Hintergrund der Evaluation werden Prioritäten, Restriktionen oder auch die Zielvorgaben unter Verwendung entsprechender Werkzeuge modifiziert, bevor K und B wieder

aktiviert werden. Dies geschieht solange, bis eine zulässige
Lösung von B akzeptiert wird. Kann durch K keine zulässige Lösung gefunden werden, so werden durch B die Gründe der Unzulässigkeit analysiert und A verändert dementsprechend die Inputparameter für K. Das gleiche Vorgehen ergibt sich für die OFP im
Rahmen des Systembetriebs mit der Modifikation, daß die Evaluation jetzt durch eine detaillierte Simulation durchgeführt
wird. Auf jeder Stufe des hierarchischen Lösungsprozesses ist
es möglich, Ergebnisse vorheriger Stufen durch Rücksprung, ausgelöst durch Feedbackmechanismen, zu verändern. Wie in den vorangegangen Abschnitten schon beschrieben, ist für die Lösung
der Probleme der OFP nicht immer eine Sukzessivplanung erforderlich. In einem solchen Fall besteht dann die AKB-Schleife
nur noch aus einer Stufe.

Am Ende des iterativen Prozesses sind die Probleme von Initialisierung und Betrieb auf der OFP-Ebene gelöst. Für die ONS
wird der gefundene Ablaufplan als Steuerungsgrundlage übernommen. Dabei bietet es sich aber an, diesen auf eine robuste, effiziente und flexible Steuerungsstrategie abzubilden, die auch
bei geringfügigen Änderungen des Systemzustands anwendbar
bleibt. Ein Beispiel für eine solche Vorgehensweise ist die Anpassung der ONS-Strategie an die Struktur der OFP-Lösung. Wird
auf der OFP-Ebene beispielsweise eine Lösung mit der LOZ-Regel
generiert, wie sie im Rahmen des bottom-up Konzepts vorgeschlagen wurde (vgl. Abschnitt 7.1.2.), bildet LOZ ebenfalls die
Grundlage der ONS-Strategie sowohl für Entscheidungen, die bei
der Einschleusung von Aufträgen in das System getroffen werden,
als auch für die Maschinenbelegung innerhalb des Systems. Treten gravierende Änderungen der Steuerungsanforderungen bzw. des
Systemzustands auf, so werden entweder über ad-hoc Entscheidungen auf der Grundlage von Expertenwissen die Strategien kurzfristig modifiziert, oder bei länger anhaltenden Veränderungen
der Planungsdaten neue Ablaufpläne und damit auch neue Strategien durch einen Rücksprung zur OFP erzeugt.

Die Planungs- und Steuerungshierarchie muß ihr Äquivalent in
einer entsprechenden Rechnerarchitektur und zugehörigen Proto-

kollen finden, die einen bediener- und überwachungsarmen Betrieb des FFS möglich macht. Die benötigte Rechnerhardware läßt sich in einer Baumstruktur abbilden. Auf jeder Schicht koordinieren Host-Rechner mehrere Rechner oder Steuerelemente der darauf folgenden Ebene. Die problemäquivalente Hierarchisierung ergibt sich aus den auszuführenden Planungs- und Steuerungsfunktionen im Rahmen von OFP und ONS und dem daraus ableitbaren Detaillierungsgrad der zu verarbeitenden Daten. Jede Ebene führt ihre Funktionen selbständig aus, solange sie die Vorgaben der übergeordneten Instanz nicht verletzt. Der Output einer Ebene bildet zum einen die Vorgaben für die untergeordneten Rechner und zum anderen die Rückmeldung an die Host-Ebene. Mit zunehmender Baumtiefe müssen immer detailliertere Einzelinformationen verarbeitet werden, während auf höheren Ebenen aggregierte Informationen benötigt werden. Durch die Hierarchisierung ist eine hohe Verfügbarkeit der Rechnerkapazität gewährleistet. Neben dem vertikalen Informationsfluß muß auch ein horizontaler Informationsaustausch zwischen den Rechnern einer Ebene möglich sein. Je nach den Erfordernissen können verschiedene Netze (LAN, PBX) installiert und definierte, möglichst standardisierte Schnittstellen und Kommunikationsregeln (Protokollmodelle mit ISO-Normen, MAP/TOP) benutzt werden. So ist es auch möglich, Rechner unterschiedlicher Hersteller miteinander zu verbinden. In Abbildung 7.3.-3. ist eine Rechnerhierarchie modellhaft in Analogie zum bereits vorgestellten hierarchischen Steuerungskonzept zur Durchführung der dispositiven PL dargestellt.

Das koordinierende Element für alle Module des IFS bildet der Fertigungsleitrechner. Er wird durch das übergeordnete PPS-System mit freigegebenen Fertigungsaufträgen versorgt und umgekehrt erhält das PPS-System Informationen aus dem Fertigungsprozeß durch den Leitrechner. Er ist für alle übergeordneten Koordinierungs-, Überwachungs- und Dokumentationsaufgaben zuständig. Abhängig von der jeweiligen Systemkonfiguration übernimmt er die zentrale Verwaltung von freigegebenen Fertigungsaufträgen, Werkzeugen, NC-Programmen, Vorrichtungen, Werkstücken und Betriebsdaten sowie die zentrale Bearbeitung von

Störungsmeldungen. Dabei kommuniziert er ständig mit den ONS-
Zellenrechnern und versorgt diese insbesondere mit Aufträgen.

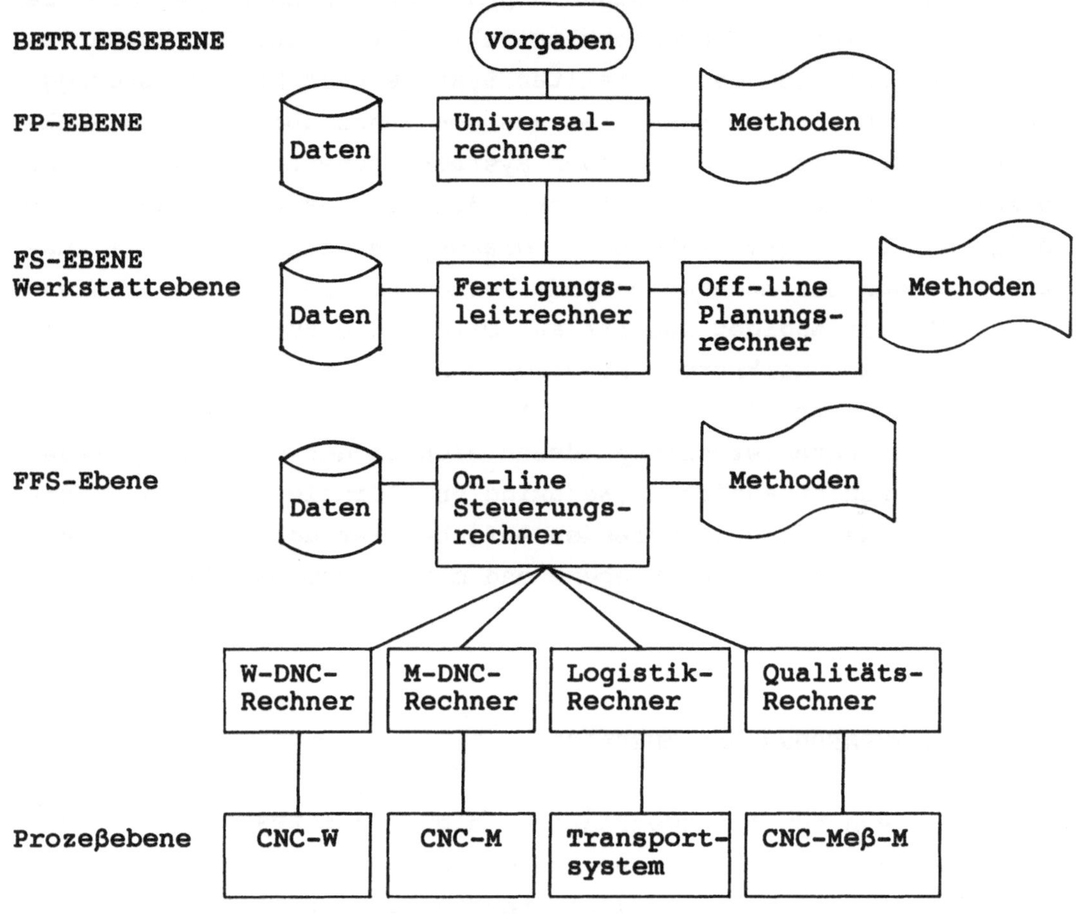

Abb. 7.3.-3.: Rechnerhierarchie für die dispositive PL bei FFS
(W: Werkzeug, M: Maschine)

Der Leitrechner wird auf der gleichen Ebene durch den OFP-
Rechner unterstützt, der die systemübergreifende Optimierung
durchführt. Er nimmt die Aufgaben der Systeminitialisierung und
die vorausschauende Planung des Systembetriebs wahr. Die ONS-
Rechner kommunizieren ihrerseits mit den verschiedenen global
wirkenden Steuerungseinheiten, wie der Werkzeug-, der Material-
und der Werkstückflußsteuerung sowie der Qualitätsüberwachung,
und regeln den Informationsaustausch zwischen diesen. Sie führen die Realzeit-Steuerung auf der Basis einer prozeßnahen Sy-

stemdatenerfassung durch, die auch zu ihren Aufgaben gehört. Die Steuerungseinheiten der FFS-Ebene kommunizieren mit den entsprechenden Steuerungseinheiten auf der Prozeßebene, die die unterste Schicht der Rechnerhierarchie darstellt. Die beschriebene Konfiguration des verteilten Systems besteht aus heterogenen Rechnern, deren Kapazität aus den ihnen übertragenen Funktionen abzuleiten ist. Jeder Systemkomponente wird ein abgegrenzter Datenbestand zugewiesen, den sie zur Erfüllung ihrer Aufgaben benötigt. Außerhalb dieses Bereichs liegende Ausschnitte des Gesamtdatenbestandes sind für sie nicht interessant. Ein aufwendiger Zugriff auf Daten, die auf einem entfernt liegenden Rechnerknoten abgelegt sind, ist unter dem bei FFS existierenden zeitlichen Restriktionen nicht vertretbar. Datenhaltung und Datenverteilung müssen sich an den gegebenen Steuerungsaufgaben orientieren (Wedekind und Zörntlein 1987). Entsprechend den durchzuführenden Aufgaben ist das IFS mit seinem OFP-Teil auf der Werkstattebene und mit seinem ONS-Teil auf der FFS-Ebene angesiedelt.

8. ZUSAMMENFASSUNG UND AUSBLICK

Ausgehend von den Anforderungen an die FS bei FFS wurden in den vorangehenden Abschnitten Werkzeuge vorgestellt, die eine problemangepaßte Lösung der auftretenden Fragestellungen ermöglichen sollen. Besonderes Augenmerk wurde dabei auf Modellorientierung, hohe Prozeßtransparenz, einfache Handhabbarkeit und Möglichkeiten der Nutzung menschlichen Erfahrungswissens gelegt. Schließlich wurde mit IFS eine Architektur eines intelligenten Steuerungssystems vorgeschlagen, die geeignete Werkzeuge unter Freisetzung von synergetischen Effekten verbindet. Das entwickelte Konzept unterscheidet sich von bisherigen Ansätzen, indem es fortgeschrittene Lösungstechniken beinhaltet und eine bisher noch weitgehend fehlende Automatisierung des Planungs- und Steuerungsprozesses berücksichtigt. Auf Grund seiner modularen Struktur ist eine schrittweise Implementierung und die Anpassung an individuelle Rahmenbedingungen möglich. Menschliche Interventionsmöglichkeiten bleiben weiterhin bestehen; jedoch werden diese auf wesentliche Aspekte beschränkt und zwar besonders dort, wo die Kreativität des menschlichen Problemlösers einer rein maschinellen Entscheidungsfindung überlegen ist.

Was bleibt, ist im wesentlichen die Frage nach einer möglichen Integration des vorgeschlagenen IFS in das CIM-Konzept. Diese ist eine wesentliche Voraussetzung für die Durchgängigkeit der Planungs- und Steuerungsentscheidungen und ihrer Einbettung in den Prozeß der Auftragsabwicklung, der sich von der Angebotsstellung über Konstruktion, Fertigungsplanung und -steuerung bis zum Versand mit der entsprechenden Fakturierung erstreckt (vgl. Abbildung 8.-1).

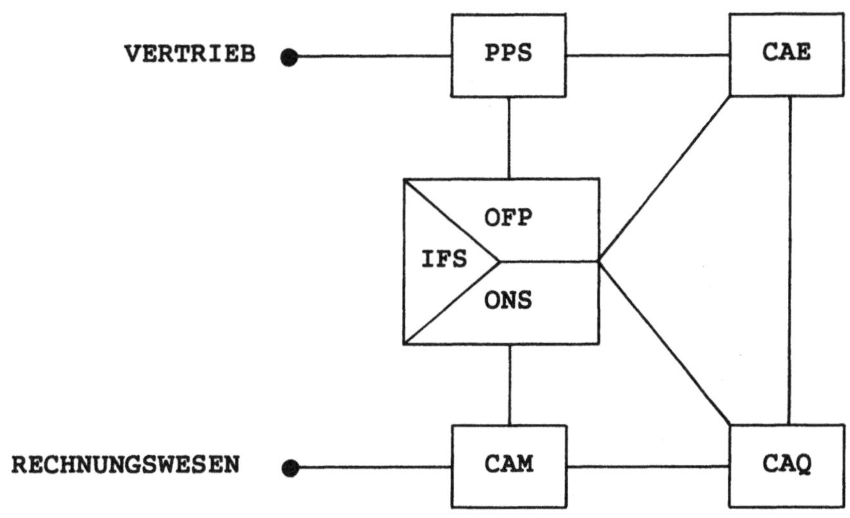

Abb. 8.-1.: IFS im CIM-Konzept

Dabei nimmt das IFS eine zentrale Stellung zwischen allen CIM-Modulen ein. Quantitative und zeitliche Anforderungen werden vom PPS-System übernommen und Rückmeldungen über deren Erfüllung an dieses weitergegeben. Strukturelle und qualitative Vorgaben stellen CAE und CAQ zur Verfügung. Die Entscheidungen, die durch den IFS-Modul getroffen werden, wirken direkt auf die CAM-Ebene, die ihrerseits das IFS mit aktuellen Systemdaten versorgt. Die entsprechenden Schnittstellen sind beim Entwurf

von IFS berücksichtigt worden. So ist der OFP-Teil stärker an
die kurz- und mittelfristigen Entscheidungen des PPS-Systems
gebunden und die ONS hat eine direkte, realzeitorientierte Verbindung zu CAM. Flankiert werden alle Planungs- und Steuerungsentscheidungen durch die Anforderungen von CAE und CAQ.

LITERATURVERZEICHNIS

TEIL 2

Barash, M.M. (1982), Computerized manufacturing systems for
discrete products, in: G. Salvandy (ed.), The Handbook of
Industrial Engineering, Wiley, New York.

Browne,J., Dubois,D., Rathmill,K., Sethi,S.P., Stecke,K.E.
(1984), Classification of flexible manufacturing systems,
The FMS Magazine, 114-117.

Dupont-Gatelmand,C. (1982), A survey of flexible manufacturing
systems, J. of Manufacturing Sys. 1, 1-16.

Gustavson,S.-O. (1984), Flexibility and productivity in complex
production processes, Int. J. Prod. Res. 22, 801-808.

Hatvany,J. (1983), World Survey on CAM, Butterworths, Kent.

o. V. (1988), Informationsmaterial verschiedener deutscher Hersteller von FFS, Stand 1988.

Spur,G., Mertins,K. (1981), Flexible Fertigungssysteme,
Produktionsanlagen der flexiblen Automatisierung, ZwF 76,
441 - 448.

Stecke, K.E., Browne,J. (1985), Variations in flexible
manufacturing systems according to the relevant types of
automated materials handling, Material Flow 2, 179-185.

Zelenovic,D.M. (1982), Flexibility - a condition for effective
production systems, Int. J. Prod. Res. 20, 319-337.

TEIL 3

Ahmadi,J.H., Ali,A.I. (1986), A decision support system for
production planning in discrete electronic parts
manufacturing, in K.E. Stecke, R. Suri (eds.), Proc. 2nd
ORSA/TIMS Conf. on FMS, Elsevier, Amsterdam 345-357.

Bitran,G.R., Haas,E.A., Hax,A.C. (1981), Hierarchical production planning: a single stage system, Oper. Res. 29,
717-743.

Bitran,G.R., Haas,E.A., Hax,A.C. (1982), Hierarchical production planning: a two-stage system, Oper. Res. 30, 232-251.

Bullinger,H.-J., Warnecke,H.J., Lentes,H.-P. (1986), Toward the factory of the future, Int. J. Prod. Res. 24, 697-741.

Chakravarty,A.K., Shtub,A. (1986), Production planning with flexibilities in capacity, in K.E. Stecke, R. Suri (eds.), Proc. 2nd ORSA/TIMS Conf. on FMS, Elsevier, Amsterdam, 333-343.

Graves,S.C. (1982), Using lagrangean techniques to solve hierarchical production planning problems, Man. Sci. 28, 260-275.

Harrington,J. (1973), Computer Integrated Manufacturing, Industrial Press, New York.

Hax,A.C. (1978), Aggregate production planning, in J.Molder, S.E.Elmaghraby (eds.), Handbook of Operations Research, Van Nostrand Reinhold, New York.

Kim,S.R. (1986), Multiobjective decisions making model for a flexible manufacturing systems, in A.Kusiak (ed.), Flexible Manufacturing Systems: Methods and Studies, North Holland, Amsterdam, 165-172.

Kiran,A.S. (1986), The system setup in flexible manufacturing systems: concepts and formulation, in K.E. Stecke, R.Suri (eds.), Proc. 2nd ORSA/TIMS Conf. on FMS, Elsevier, Amsterdam, 321-332.

Kusiak,A. (1986), Application of operational research models and techniques in flexible manufacturing systems, European J. Oper. Res. 24, 336-345.

Nelson,C.A. (1986), A mathematical programming formulation of elements of manufacturing strategy: FMS applications, in K.E. Stecke, R. Suri (eds.), Proc. 2nd ORSA/TIMS Conf. on FMS, Elsevier, Amsterdam, 31-41.

Ranky,P.G. (1986), Computer Integrated Manufacturing, Prentice Hall, New York.

Scheer,A.-W. (1987), CIM: Der computergestützte Industriebetrieb, Springer, Berlin.

Smith,M.L., Ramesh,R., Dudek,R.A., Blair,E.L. (1986), Characteristics of U.S. flexible manufacturing systems - a survey, in K.E.Stecke, R. Suri (eds.), Proc. 2nd ORSA/TIMS Conf. on FMS, Elsevier, Amsterdam, 477-486.

Stecke,K.E. (1988), O.R. applications to flexible manufacturing, in G.K. Rand (ed.), Operational Research '87, North Holland, Amsterdam, 217-232

TEIL 4

Balas,E. (1967), Discrete programming by the filter method, Oper. Res. 15, 915-957.

Barash,M.M., Leimkuhler,F.F., Solberg,J.J., Talavage,J.J. (1981), Optimal planning of computerized manufacturing systems, Proc. 8th NSF Grantees'Conf. Production Research and Technology.

Bellman,R.E. (1957), Dynamic Programming, Princeton University Press, Princeton.

Brachman,R. (1979), On the epistemological status of semantic networks, in N.Findler (ed.), Associative Networks, Representation and Use of Knowledge by Computer, Academic Press, New York.

Bradley,S.P., Hax,A.C., Magnanti,T.L. (1977), Applied Mathematical Programming, Addison-Wesley, Reading.

Bruell,S.C., Balbo,G. (1980), Computational Algorithms for Closed Queueing Networks, North Holland, New York.

Buchanan,B., Shortliffe,E. (1984), Rule-Based Expert Systems, Addison-Wesley, Reading.

Bulgren,W. (1982), Discrete System Simulation, Prentice-Hall, New Jersey.

Buzacott,J.A. (1976), The production capacity of job shops with limited storage space, Int. J. Prod. Res. 14, 597-605.

Buzacott,J.A., Shanthikumar,J.G. (1980), Models for understanding flexible manufacturing systems, AIIE Trans. 12, 339-350.

Buzacott,J.A., Yao,D.D. (1986), On queueing network models for flexible manufacturing systems, Queueing Systems 1, 5-27.

Buzen,J. (1973), Computational algorithms for closed queueing
    networks with exponential servers, Commun. of the ACM. 16,
    527-537.

Carrie,A. (1986), The role of simulation in flexible manu-
    facturing systems, in A.Kusiak (ed.), FMS: Methods and
    Studies, North-Holland, Amsterdam, 191-208.

Carrie,A., Adhami,E., Stephens,A., Murdoch,I. (1984), Intro-
    ducing a flexible manufacturing system, Int. J. of Prod.
    Res. 22, 907-916.

Cavaillé, J.-B., Forestier, J.B., Bel, G. (1981), A simulation
    program for analysis and design of a flexible manufacturing
    system, Proc. IEEE Conf. Cyber. and Society, Atlanta,
    257-259.

Chorafas,D.N. (1987), Applying Expert Systems in Business,
    McGraw, New York.

Co,H.C., Wysk,R.A. (1986), The robustness of CAN-Q in modelling
    automated manufacturing systems, Int. J. Prod. Res. 24,
    1485-1503.

Dallery,Y. (1986), On modelling flexible manufacturing systems
    using closed queueing networks, TIMS/ORSA Joint National
    Meeting, Los Angeles.

Dantzig,G.B. (1963), Linear Programming and Extensions,
    Princeton University Press, Princeton.

Dee,Z,J., Co,H.C., Wysk,R.A. (1986), Sim-Q: a simplified
    approach to simulation modelling of automated manufacturing
    systems, in K.E. Stecke, R. Suri (eds.), Proc. 2nd ORSA/TIMS
    Conf. on FMS, Elsevier, Amsterdam, 417-430.

Dubois,D. (1983), A mathematical model of a flexible manu-
    facturing system with limited in process inventory,
    European J. Oper. Res. 14, 66-78.

ElMaraghy,H. (1982), Simulation and graphical animation of
    advanced manufacturing systems, J. of Manuf. Syst. 1, 53-64.

ElMaraghy,H., Ho,N. (1982), A simulator for flexible
    manufacturing systems with graphical animation, Proc. 2nd
    Int. Comput. Eng. Conf., San Diego.

Fikes,R., Kehler,T. (1985), The role of frame-based
    representation in reasoning, Commun. of the ACM 28, 904-920.

Fisher,M.L. (1980), Worst-case analysis of heuristic
    algorithms, Man. Sci. 26, 1-17.
Fishman,G.S. (1978), Principles of Discrete Event Simulation,
    Wiley, New York.
Forgy,C.L. (1981), OPS5 user's manual, CMU-CS-81-135,
    Department of Computer Science, Carnegie-Mellon University,
    Pittsburgh.
Garey,M.R., Johnson,D.S. (1979), Computers and Intractability:
    a Guide to the Theory of NP-Completeness, Freeman, San
    Francisco.
Gershwin,S.B.,Hildebrandt,R.R.,Suri,R.,Mitter,S.K. (1986),
    A control perspective on recent trends in manufacturing
    systems, IEEE Control Systems Magazine, 3-15.
Genesereth,M.R., Ginsberg,M.L. (1985), Logic programming,
    Commun. of the ACM 28, 933-941.
Golden,B.L., Stewart,W.R. (1985), Empirical analysis of
    heuristics, in E.L.Lawler, J.K.Lenstra, A.H.G.Rinnooy Kan,
    D.B.Shmoys (eds.), The Traveling Salesman Problem,
    Wiley, Chichester, 207-279.
Gomory,R.E. (1958), Outline of an algorithm for integer so-
    lutions to linear programs, Bull. Amer. Math. Soc. 64,
    275-278.
Gordon,W., Newell,G. (1967), Closed queueing systems with
    exponential servers, Oper. Res. 15, 254-265.
Harmon,P., King,D. (1985), Expert Systems, Wiley, New York.
Hayes-Roth,F., Waterman,D.A., Lenat,D.B. (1983), Building
    Expert Systems, Addison-Wesley, London.
Hillier,F., Liebermann,G. (1974), Introduction to Operations
    Research, Holden-Day Inc., San Francisco.
Hirsch,P., Meier,M., Snyder,S., Stillman,R. (1985), PRISM:
    prototype inference system, AFIPS Conf. Proc. 54, 121-124.
Hirsch,P., Katke,W., Meier,M., Snyder,S., Stillman,R. (1986),
    Interfaces for knowledge-base builders' control
    knowledge and application-specific procedures, IBM J. Res.
    Develop. 30, 29-38.
Ho,Y.C. (1985), A survey of the perturbation analysis of
    discrete event dynamic systems, Ann. Oper. Res. 3, 393-402.

Ho,Y.C., Suri,R., Cao,X.R., Diehl,G.W., Dille,J.W., Zazanis,M.A. (1984), Optimization of large multiclass (non-product-form) queueing networkes using perturbation analysis, Large Scale Systems 7, 165-173.

Jackson,J.R. (1957), Networks of waiting lines, Oper. Res. 5, 518-532.

Jackson,J.R. (1963), Jobshop-like queueing systems, Man. Sci. 10, 131-142.

Jain,S., Foley,W.J. (1986), Basis for development of a generic FMS simulator, in K.E. Stecke, R. Suri (eds.), Proc. 2nd ORSA/TIMS Conf. on FMS, Elsevier, Amsterdam, 393-403.

Karp,R.M. (1976), The probabilistic analysis of some combinatorial search algorithms, Proc. Sympos. on New Directions and Recent Results in Algorithms and Complexity, Academic Press, New York.

Karp,R.M., Lenstra,J.K., McDiarmid, C.J.H., Rinnooy Kan, A.H.G. (1985), Probabilistic Analysis, in M.O'hEigeartaigh, J.K.Lenstra, A.H.G.Rinnooy Kan (eds.), Combinatorial Optimization: Annotated Bibliographies, Wiley, Chichester, 52-88.

Kastner,J.K., Hong,S.J. (1984), A review of expert systems, European J. Oper. Res. 18, 285-292.

Kelly,F.P. (1979), Reversibility and Stochastic Networks, Wiley, New York.

Kleinrock,L. (1975), Queueing Systems, Wiley, New York.

Kowalski,R.A. (1974), Predicate logic as a programming language, Proc. of IFIP 74, North-Holland, Amsterdam, 569-574.

Land,A.H., Doig,A.G. (1960), An automatic method for solving discrete programming problems, Econometrica 28, 497-520.

Lenz,J., Talavage,J. (1977), General computerized manufacturing systems simulator (GCMS), The optimal planning of computer-ized manufacturing systems, Report No.7, School of Indus-trial Engineering, Purdue University.

Mangasarian,O.L. (1969), Nonlinear Programming, McGraw-Hill, New York.

Martin,D.L., Musselmann,K.J. (1984), Simulation in the life
    cycle of flexible manufacturing systems, Proc. 1st ORSA/
    TIMS Conf. on FMS, Ann Arbor, 154-157.

Mayer,R.J., Talavage,J.J. (1976), Simulation of a computerized
    manufacturing system, Report No. 4, NSF Grant APR 74-15256.

McCarthy,J., Abrahams,P.W., Edwards,D.J., Hart,T.P., Levin,M.I.
    (1962), Lisp 1.5 Programmer's Manual, MIT Press, Cambridge.

Müller-Merbach,H. (1981), Heuristics and their design: a
    survey, European J. Oper. Res. 8, 1-23.

Newell,A., Simon,H. (1963), GPS, a program that simulates human
    thought, in E.A.Feigenbaum, J.Feldman (eds.), Computers and
    Thought, McGraw-Hill, New York, 279-293.

Pereira,L.M., Pereira,F.C.M., Warren,D.H.D (1978), User's
    guide to Decsystem-10 Prolog, Occasional Paper No. 15,
    Department of Artificial Intelligence, University of
    Edinburgh, Scotland.

Phillips,D.T., Heisterberg,R.J. (1977), Definition, development
    and implementation of a generalized manufacturing simulator,
    Report No. GEMS-3-77, Dept. of Industrial Engineering, Texas
    A&M University, College Station.

Puppe,F. (1986), Expertensysteme, Informatik Spektrum 9, 1-13.

Rathmill,K., Greenwood,N., Houshmand,M. (1982), Computer
    simulation of flexible manufacturing systems, Proc. 2nd Int.
    Conf. on FMS, Brighton, 251-280.

Reiser,M. (1981), Mean-value analysis and convolution method
    for queue-dependent servers in closed queueing networks,
    Performance Evaluation 1, 7-18.

Reiser,M., Lavenberg,S.S. (1980), Mean value analysis of closed
    multichain queueing networks, J. of the ACM 2, 313-322.

Rolston,L.J. (1985), Modelling flexible manufacturing systems
    with MAP/1, Ann. Oper. Res. 3, 189-204.

Roussel,P. (1975), Prolog: Manuel de Reference et
    d'Utilisation, Groupe d'Intelligence Artificiel, Universite
    d'Aix-Marseille, Luminy.

Runner,J.A. (1978), CASAM: a simulation analysis for computer-
    ized manufacturing systems, NSF Grant APR 74-15256.

Schnupp,P., Nguyen Huu,C.T. (1987), Expertensystem-Praktikum,
    Springer, Berlin.

Schriber,T.J. (1985), A GPSS/H model for a hypothetical
   flexible manufacturing system, Ann. Oper. Res. 3, 171-188.

Schweitzer,P.J. (1979), Approximate analysis of multiclass
   closed networks of queues, Int. Conf. Stochastic Control and
   Optimization, Amsterdam.

Shalev-Oven,S., Seidmann,A., Schweitzer,P.J. (1985), Analysis
   of flexible manufacturing systems with priority scheduling:
   PMVA, Ann. Oper. Res. 3, 115-139.

Silver,E.A., Vidal,R.V.V., de Werra,D. (1980), A tutorial on
   heuristic methods, European J. Oper. Res. 5, 153-162.

Solberg,J. (1977), A mathematical model of computerized
   manufacturing systems, Proc. 4th Int. Conf. on Prod. Res.,
   Tokyo.

Stefik,M., Bobrow,D.G., Mittal,S., Conway,L. (1983),
   Knowledge programming in LOOPS: report on an experimental
   course, The Artificial Intelligence Magazine, 3-13.

Spiegl,P. (1987), Simulation - ein Planungsinstrument flexibler
   fertigungstechnischer Einrichtungen, CIM Management 1,
   51-57.

Spur,G., Hirn,W., Seliger,G., Viehweger,B. (1982), Simulation
   zur Auslegungsplanung und Optimierung von Produktions-
   systemen, ZwF 77 (9), 446-452.

Suri,R. (1983), Robustness of queueing network formulae, J. of
   the ACM 30, 564-594.

Suri,R. (1985), An overview of evaluative models for flexible
   manufacturing systems, Ann. Oper. Res. 3, 13-21.

Suri,R. (1985a), Manufacturing systems modelling: its role and
   current issues, unveröffentlichtes Manuskript.

Suri,R., Cao,X. (1982), Optimization of flexible manufacturing
   systems using new techniques in discrete event systems,
   Proc. 20th Allerton Conf. on Communication Control and
   Computing, Monticello, Illinois, 434-443.

Suri,R., Diehl,G. (1986), A variable buffer size model and its
   use in analyzing closed queueing networks with blocking,
   Man. Sci. 32, 206-224.

Suri,R., Dille,J.W. (1985), A technique for on-line sensitivity
   analysis of flexible manufacturing systems, Ann. Oper.
   Res. 3, 381-391.

Suri,R., Hildebrandt,R.R. (1984), Modelling flexible manufacturing systems using mean value analysis, J. Manufacturing Sys. 3, 27-38.

Suri,R., Zazanis,M. (1985), Robustness of perturbation analysis algorithms for discrete event systems, WP, Havard University.

Warnecke,H., Zipse,T., Zeh,K. (1984), Simulation and computer-aided planning of flexible manufacturing systems, Proc. 3rd Int. Conf. on FMS, Boeblingen, 347-360.

Waterman,D.A. (1986), A Guide to Expert Systems, Addison-Wesley, Reading, M.A.

Yao,D.D., Buzacott,J.A. (1985), Modelling a class of state-dependent routing in flexible manufacturing systems, Ann. Oper. Res. 3, 153-168.

Yao,D.D., Buzacott,J.A. (1985a), Modelling the performance of flexible manufacturing systems, Int. J. Prod. Res. 23, 945-959.

Yao,D.D., Buzacott,J.A. (1986), Models of flexible manufacturing systems with limited local buffers, Int. J. Prod. Res. 24, 107-118.

TEIL 5

Ammons.J.C., Lofgren,C.B., McGinnis,L.F. (1985), A large scale machine loading problem in flexible assembly, Ann. Oper. Res. 3, 319-332.

Anderberg,M.R. (1973), Cluster Analysis for Applications, Academic Press, New York.

Arthanari,T.S. und Dodge,Y. (1981), Mathematical Programming in Statistics, Wiley, New York.

Avonts,L.H., Gelders,L.L., van Wassenhove,L.N. (1987), Allocating work between an FMS and a conventional job shop: a case study, European J. Oper. Res., im Druck.

Berrada,M., Stecke,K.E. (1986), A branch and bound approach for machine balancing in flexible manufacturing systems, Man. Sci. 52, 1316-1335.

Bhat,M.V. und Haupt,A. (1976), An efficient clustering
    algorithm, IEEE Trans. Syst. Man. and Cyber. 6, 61-64.

Burbridge,J.L. (1975), The Introduction of Group Technology,
    Wiley, New York.

Buzacott,J.A., Shanthikumar,J.G. (1980), Models for under-
    standing flexible manufacturing systems, AIIE Trans. 12,
    339-350.

Carrie,A.S., Perera,D.T.S. (1986), Work scheduling in flexible
    manufacturing systems under tool availability constraints,
    Int. J. Prod. Res. 24, 1299-1308.

Cavaillé,J.-B., Dubois,D. (1982), Heuristic methods based on
    mean-value analysis for flexible manufacturing systems per-
    formance evaluation, Proc. 21st IEEE Conf. Dec. and Control,
    Orlando, 1061-1065.

Chakravarty,A.K., Shtub,A. (1984), Selecting parts and loading
    flexible manufacturing systems, Proc. 1st ORSA/TIMS Conf. on
    FMS, Ann Arbor, 285-289.

Chakravarty,A.K., Shtup,A. (1987), Capacity, cost and
    scheduling analysis for a multiproduct flexible manufactu-
    ring cell, Int. J. Prod. Res. 25, 1143-1156.

Coffman,Jr.,E.G., Garey,M.R., Johnson,D.S. (1984), Approxi-
    mation algorithms for bin packing - an updated survey, in
    G.Ausiello, M.Luccertini, P.Serafini (eds.), Algorithm
    Design and Computer System Design, Springer, Wien, 49-106.

Edghill,J.S., Cresswell,C. (1985), FMS control strategy -
    a survey of the determining characristics, Proc. 4th Int.
    Conf. on FMS, 305-315.

Everitt,B. (1980), Cluster Analysis, Halsted Press, New York.

Ham,,I., Hitomi,K., Yoshida,T. (1985), Group Technology,
    Kluwer-Nijhoff, Boston.

Hitomi,K. (1979), Manufacturing Systems Engineering: A Unified
    Approach to Manufacturing Technology and Production
    Management, Taylor and Francis, London.

Hwang,S.(1986), A constraint-directed method to solve the part
    selection problem in flexible manufacturing systems planning
    stage, in K.E. Stecke, R. Suri (eds.), Proc. 2nd ORSA/TIMS
    Conf. on FMS, Elsevier, Amsterdam, 297-309.

Ignall,E.J. (1965), A review of assembly line balancing,
J. Indust. Engr. 16, 43-52.

King,J.R. (1980), Machine-component grouping in production flow
analysis: approach using a rank order clustering algorithm,
Int. J. Prod. Res. 18, 213-232.

King,J.R., Nakornchai,V. (1982), Machine component group
formation in group technology: review and extension, Int. J.
Prod. Res. 20, 117-133.

Kumar, K.R., Kusiak, A., Vannelli, A. (1986), Grouping of parts
and components in flexible manufacturing systems, European
J. Oper. Res. 24, 387-397.

Kusiak,A. (1983), Integer programming approach to the
clustering problem, WP 03/83, Dept. of Industrial
Engineering, Technical University of Nova Scotia, Halifax.

Kusiak,A. (1985), The part families problem in flexible
manufacturing systems, Ann. Oper. Res. 3, 279-300.

Kusiak,A. (1985a), Loading models in flexible manufacturing
systems, in A.Raouf, S.I.Ahmad (eds.), Flexible Manufacturing, Elsevier, New York, 119-132.

Kusiak, A. (1986), Formation of machine cells and part families
in flexible manufacturing systems, WP 09/86, University of
Manitoba, Dept. of Mechanical and Industrial Engineering,
Winnipeg, Manitoba.

Kusiak, A. and Chow, W. (1986), Interactive grouping of
machines and parts, WP 07/86, Dept. of Mechanical and
Industrial Engineering, University of Manitoba, Winnipeg.

Mitrofanov,S.P. (1966), Science Principles of Group Technology,
Boston Spa, Yorks.

McCormick,W.T., Schweitzer,P.J. und White,T.W. (1972),
Problem decomposition and data reorganization by clustering
technique, Oper. Res. 20, 992-1009.

Sarin, S.C., Chen,C.S. (1987), The machine loading and tool
allocation problem in flexible manufacturing systems, Int.
J. Prod. Res. 25, 1081-1094.

Schmidt,G. (1988), Scheduling on one machine with changeover
costs and upper bounds on inventory, in: G.K. Rand (ed.),
Operational Research '87, Elsevier (North-Holland), 245-257.

Shanker,K., Tzen,Y.-J. (1985), A loading and dispatching
    problem in a random flexible manufacturing systems, Int. J.
    Prod. Res. 23, 579-595.

Slagle,J.R., Chang,C.L. und Heller,S.R. (1975), A clustering
    and data reorganization algorithm, IEEE Trans. Syst. Man.
    and Cyber. 5, 125-128.

Shanthikumar,J.G. (1982), On the superiority of balanced load
    in a flexible manufacturing systems, Technical Report, Dept.
    of IE & OR, Syracuse University, New York.

Shanthikumar,J.G., Stecke,K.E. (1986), Reducing work in process
    inventory in certain class of flexible manufacturing
    systems, European J. Oper. Res. 26, 266-271.

Stecke,K.E. (1983), Formulation and solution of nonlinear
    integer production planning problems for flexible manufac-
    turing systems, Man. Sci. 29, 273-288.

Stecke,K.E. (1986), A hierarchical approach to solving machine
    grouping and loading problems of flexible manufacturing
    systems, European J. Oper. Res. 24, 369-378.

Stecke,K.E., Kim,I. (1986), A flexible approach to implementing
    the short-term flexible manufacturing system planning
    function, in K.E. Stecke, R. Suri (eds.), Proc. 2nd
    ORSA/TIMS Conf. on FMS, Elsevier, Amsterdam, 283-295.

Stecke,K.E., Kim,I. (1987), Comparison of various approaches to
    part type selection problem in flexible manufacturing
    systems, Proc. Int. Conf. Prod. Res., Cincinnati.

Stecke,K.E., Kim,I. (1987a), A study of unbalancing and
    balancing for systems of pooled machines of unequal sizes,
    Proc. IEEE Int. Conf. on Robotics and Automation, Releigh,
    1350-1355.

Stecke,K.E., Morin,T.L. (1985), The optimality of balancing
    workloads in certain types of flexible manufacturing
    systems, European J. Oper. Res. 20, 68-82.

Stecke, K.E., Solberg, J.J. (1981), Loading and control
    policies for a flexible manufacturing system, Int. J. Prod.
    Res. 19, 481-490.

Stecke,K.E., Solberg,J.J. (1985), The optimality of unbalan-
    cing both workloads and machine group sizes in closed
    queueing networks for multiserver queues, Oper. Res. 33,
    882-910.
Stecke,K., Talbot,F.B. (1985), Heuristics for loading flexible
    manufacturing systems, in A.Raouf, S.I.Ahmad (eds.),
    Flexible Manufacturing, Elsevier, New York, 73-85.
Suri,R., Hildebrant,R.R. (1984), Modelling flexible manufac-
    turing systems using mean value analysis, J. Manufacturing
    Sys. 3, 27-38.
Tang,C.S. (1986), A job scheduling model for a flexible manu-
    facturing machine, Proc. IEEE, 152-155.
Whitney,C.K., Gaul,T.S. (1984), Sequential decision procedures
    for batching and balancing in flexible manufacturing sy-
    stems, Proc. 1st ORSA/TIMS Conf. on FMS, 243-248.
Yao,D.D. (1985), Some properties of the throughput function of
    closed networks of queues, Oper. Res. Letters 3, 313-317.
Yao,D.D. (1987), Majorization and arrangement orderings in open
    networks of queues, Ann. Oper. Res. 7, im Druck.
Yao,D.D., Kim,S.C. (1984), Some order relations in closed
    networks of queues with multi-server stations, Technical
    Report, Dept. of IE, Columbia University, New York.
Yao,D.D., Kim,S.C. (1987), Reducing the congestion in a class
    ofjob shops, Technical Report, Dept. of IE, Columbia
    University, New York.

TEIL 6

Ashour,S. (1970), A branch and bound algorithm for flow-shop
    scheduling problems, AIIE Trans. 2, 172-176.
Baker,K.R. (1974), Introduction to Sequencing and Scheduling,
    Wiley, New York.
Baker,K.R., Martin,J.B. (1974), An experimental comparsion for
    solution algorithms for the single machine tardiness
    problem, Naval Res. Logist. Quart. 21, 187-199.

Bell,R., Bilalis,N. (1986), Loading and control strategies for a flexible manufacturing system for rotational parts, Proc. 1st ORSA/TIMS Conf. on FMS, 77-87.

Bellman,R., Esogbue,A.O., Nabeshima,I. (1982), Mathematical Aspects of Scheduling & Applications, Pergamon Press, Oxford.

Blackstone,J.H., Phillips,D.T., Hogg,G.L. (1982), A state-of-the-art survey of dispatching rules for manufacturing job shop operations, Int. J. Prod. Res. 20, 27-45.

Blazewicz,J. (1987), Selected topics in scheduling theory, Ann. Discrete Math. 31, 1-60.

Blazewicz,J., Finke,G., Haupt,R., Schmidt,G. (1988), Invited review: New Trends in Machine Scheduling, European J. Oper. Res. 37, 303-317.

Buffa,E.S., Miller,J.G. (1979), Production-Inventory Systems: Planning and Control, Richard Irwin Inc., Homewood.

Buzacott,J.A. (1976), The production capacity of job shops with limited storage space, Int. J. Prod. Res. 14, 597-605.

Buzacott,J.A. (1982), "Optimal" operating rules for automated manufacturing systems, IEEE Trans. Auto. Control 27, 80-86.

Buzacott,J.A., Shanthikumar,J.G. (1980), Models for understanding flexible manufacturing systems, AIIE Trans. 12 (4), 339-349.

Buzacott,J.A., Shanthikumar,J.G. (1985), On approximate queueing models of dynamic job shops, Man. Sci. 31, 870-887.

Buzacott,J.A., Yao,D.D. (1986), On queueing network models for flexible manufacturing systems, Queueing Systems 1, 5-27.

Campbell,H.G., Dudek,R.A., Smith,M.L. (1970), A heuristic algorithm for the n-job, m-machine sequencing problem, Man. Sci. 10, 630-637.

Carrie,A.S., Petsopoulos,A.C. (1985), Operations sequencing in an FMS, Robotica 3, 259-264.

Chang,Y.-L., Sullivan,R.S., Bagchi,U., Wilson,J.R. (1985), Experimental investigation of real-time scheduling in flexible manufacturing systems, Ann. Oper. Res. 3, 355-377.

Coffman,E.G.Jr. (1976), Computer and Job Shop Scheduling Theory, Wiley, New York.

Conway,R.W., Maxwell,W.L., Miller,L.W. (1967), Theory of
    Scheduling, Addison-Wesley, Reading.
Day,J.E., Hottenstein,M.P. (1970), Review of sequencing
    research, Naval Res. Logist. Quart. 17, 11-39.
De Luca,A. (1984), Optimal production planning for flexible
    manufacturing systems: an "optimal batching" algorithm, in
    H.J.Warnecke (ed.), Proc. 3rd Int. Conf. on FMS, Boeblingen
    323-332.
Dempster,M.A.H., Lenstra,J.K., Rinnooy Kan,A.H.G. (eds.)
    (1982), Deterministic and Stochastic Scheduling, Reidel,
    Dordrecht.
Denzler,D.R., Boe,W.J. (1987), Experimental investigation of
    flexible manufacturing systems scheduling decision rules,
    Int. J. Prod. Res. 25, 979-994.
Egbelu,P.J., Tanchoco,J.M.A. (1984), Characterization of
    automatic guided vehicle dispatching rules, Int. J. Prod.
    Res. 22, 359-374.
Edghill,J.S., Cresswell,C. (1985), Flexible manufacturing
    systems control strategy - a survey of the determining
    characteristics, in R.Lindholm (ed.), Proc. 4th Int. Conf.
    on FMS, 305-315.
Eilon,S. (1979), Production scheduling, in K.B. Haley (ed.),
    OR '78, North-Holland, Amsterdam, 1-30.
Elmaghraby,S.E. (1968), The machine sequencing problem - review
    and extensions, Naval Res. Logist. Quart. 15, 205-232.
Erschler,J., Roubellat,F., Thuriot,C. (1985), Steady state
    scheduling of a flexible manufacturing system with periodic
    releasing and flow time constraints, Ann. Oper. Res. 3,
    333-353.
Forst,F.G. (1984), A review of the static stochastic job
    sequencing literature, Opsearch 21, 127-144.
French,S. (1982), Sequencing and Scheduling: An Introduction to
    the Mathematics of the Job Shop, Wiley, New York.
Gere,W.S. (1966), Heuristics in job shop scheduling, Man.
    Sci. 13, 167-190.

Graham,R.L., Lawler,E.L., Lenstra,J.K., Rinnooy Kan,A.H.G.
   (1979), Optimization and approximation in deterministic
   sequencing and scheduling: a survey, Ann. Discrete Math. 5,
   287-326.

Graves,S.C. (1981), A review of production scheduling, Oper.
   Res. 29, 646-675.

Han,M.H., Mc.Ginnis,L.F. (1986), Throughput maximization in
   short cycle automated manufacturing, Proc. IEEE, 147-151.

Hildebrandt,R. (1980), Scheduling flexible manufacturing
   systems when machines are prone to failure, Ph. D. Thesis,
   MIT.

Hitz,K.L. (1979), Scheduling of flexible flow shops, Technical
   Report 879, LIDS, MIT.

Hitz,K.L. (1980), Scheduling of flexible flow shops II, Technical Report 1049, LIDS, MIT.

Ibaraki,T. (1976), Computational efficiency of approximate
   branch and bound algorithms, Math. Oper. Res. 1, 287-298.

Jones,C.H. (1973), An economic evaluation of job shop dispatching rules, Man. Sci. 20, 293-307.

Karmarkar,U.S., Kekre,S., Kekre,S. (1985), Lotsizing in multi-
   item-machine job shops, IIE Trans. 17, 290-298.

Kimemia,J., Gershwin,S. (1981), An algorithm for the computer
   control of production in a flexible manufacturing system,
   Proc. 20th IEEE Conf. Dec. Contr., San Diego.

Kimemia,J., Gershwin,S. (1985), Flow optimization in flexible
   manufacturing systems, Int. J. Prod. Res. 23, 81-96.

Kurtulus,I., Davis,E.W. (1982), Multi-project scheduling:
   categorization of heuristic rules performance, Man. Sci. 28,
   161-172.

Kurtulus,I., Narula,S.C. (1985), Multi-project scheduling:
   analysis of project performance, IIE Trans. 17, 58-66.

Kusiak,A. (1986), Scheduling flexible machining and assembly
   systems, in K.E. Stecke, R. Suri (eds.), Proc. 2nd ORSA/TIMS
   Conf. on FMS, Elsevier, Amsterdam, 521-532.

Lawler,E.L. (1982), Recent results in the theory of machine
   scheduling, in A.Bachem, M.Grötschel, B.Korte (eds.),
   Mathematical Programming: The State of the Art - Bonn 1982,
   Springer, Berlin, 202-234.

Lawler,E.L., Lenstra,J.K., Rinnooy Kan,A.H.G. (1982), Recent
developments in deterministic sequencing and scheduling, a
survey, in Dempster et al. (eds): Deterministic and
Stochastic Scheduling, Reidel, Dordrecht, 35-74.

Lenstra,J.K. (1976), Sequencing by Enumerative Methods,
Mathematisch Centrum, Amsterdam.

Lenstra,J.K., Rinnooy Kan,A.H.G. (1985), Sequencing and
scheduling, in O'hEigeartaigh et al. (eds.): Combinatorial
Optimization Annotated Bibliographies, Wiley, New York.

Maxwell,W.L., Muckstadt,J.A. (1982), Design of automatic guided
vehicles, IEE Trans. 14, 114-124.

Menon,U., O'Grady,P.J. (1984), A flexible multiobjective
production planning framework for automated manufacturing
systems, Engineering Costs and Production Economics 8,
189-196.

Möhring,R.H., Radermacher,F.J., Weiss,G. (1984), Stochastic
scheduling problems I: general strategies, Zeitschrift für
Oper. Res. Theory 28, 193-260.

Möhring,R.H., Radermacher,F.J., Weiss,G. (1987), Stochastic
scheduling problems II: set strategies, Zeitschrift für
Oper. Res. Theory, im Druck.

Moore,J.M., Wilson,R.C. (1967), A reviev of simulation research
in job shop scheduling, J. Prod. Invent. Management 8, 1-10.

Newman,W.E. (1986), Model to evaluate the benefits of FMS
pallet flexibility, in K.E. Stecke, R. Suri (eds.), Proc.
2nd ORSA/TIMS Conf. on FMS, Elsevier, Amsterdam, 209-220.

Nof,S.Y., Barash,M.M., Solberg,J.J. (1979), Operational control
of item flow in versatile manufacturing systems, Int. J.
Prod. Res. 17, 479-489.

Olsder,G.J., Suri,R. (1980), Time optimal control of parts-
routing in a manufacturing systems with failure prone
machines, Proc. 19th IEEE Conf. Dec. Contr., Albequerque,
New Mexico.

Panwalker,S.S., Iskander,W. (1977), A survey of scheduling
rules, Oper. Res. 25, 45-61.

Raman,N., Talbot,F.B., Rachamadugu,R.V. (1986), Simultaneous
    Scheduling of machines and material handling devices in
    automated manufacturing, in K.E. Stecke, R. Suri (eds.),
    Proc. 2nd ORSA/TIMS Conf. on FMS, Elsevier, Amsterdam,
    455-465.

Rachmadugu,R.V., Raman,N., Talbot,F.B. (1987), Real-time
    scheduling of an automated manufacturing center, unver-
    öffentlichtes Manuskript.

Rinnooy Kan,A.H.G. (1976), Machine Scheduling Problems,
    Nijhoff, The Hague.

Röck,H., Schmidt,G. (1983), Machine aggregation heuristics in
    shop-scheduling, Methods of Operations Research 45, 303-314.

Sarin,S.C., Dar-El,E.M. (1984), Approaches to the scheduling
    problem in FMS, Fall Indust. Engin. Conf., 76-86.

Schweitzer,P.J. (1977), Maximum throughput in finite-capacity
    open queueing networks with product-form solutions,
    Man. Sci. 24, 217-223.

Shalev-Oren,S., Seidmann,A., Schweitzer,P.J. (1985), Analysis
    of flexible manufacturing systems with priority scheduling:
    PMVA, Ann. Oper. Res. 3, 115-139.

Shanker,K., Tzen,Y.J.J. (1985), A loading and dispatching
    problem in a random flexible manufacturing system, Int. J.
    Prod. Res. 23, 579-596.

Shanthikumar,J.G. (1979), Approximate queueing models for
    dynamic job shops, Ph. D. Thesis, Dept. Ind. Eng., Univ. of
    Toronto.

Shanthikumar,J.G. (1984), Comparision of dispatch policies for
    a single server queueing models with limited operational
    control, Int. J. Prod. Res. 22, 389-403.

Shanthikumar,J.G., Chandra,M.J. (1982), Application of level
    crossing analysis to discrete state processes in queueing
    systems, Naval Res. Logist. Quart. 29, 593-608.

Shanthikumar,J.G., Sargent,R.G. (1981), A hybrid simulation /
    analytic model of a computerized manufacturing system, Proc.
    9th IFORS Conf., Hamburg, 901-915.

Shanthikumar,J.G., Sargent,R.G. (1983), A unifying view of
    hybrid simulation / analytic models and modeling, Oper. Res.
    31, 1030-1052.

Spur,G., Albrecht,R. Rittinghausen,H. (1981), Strategien zur On line - Fertigungsoptimierung, ZwF 76, 114-118.

Stecke,K.E., Solberg,J.J. (1981), Loading and control policies for a flexible manufacturing system, Int. J. Prod. Res. 19, 481-490.

Talbot,F.B. (1982), Resource-constrained project scheduling with time-resource tradeoffs: the nonpreemptive case, Man. Sci. 28, 1197-1210.

Vepsalainen,A.P.J. (1984), State dependent priority rules for scheduling, WP CMU-RI-TR-84-19, Carnegie-Mellon University, Pittsburgh.

Wilhelm,W.E., Shin,H.-M. (1985), Effectiveness of alternate operations in a flexible manufacturing system, Int. J. Prod. Res., 65-79.

Yao,D.D., Buzacott,J.A. (1985), Modelling a class of state-dependent routing in flexible manufacturing systems, Ann. Oper. Res. 3, 153-167.

Yao,D.D., Buzacott,J.A. (1986), Models of flexible manufacturing systems with limited local buffers, Int. J. Prod. Res. 24, 107-118.

TEIL 7

Afentakis,P. (1986), Maximum throughput in flexible manufacturing systems, in K.E. Stecke, R. Suri (eds.), Proc. 2nd ORSA/ TIMS Conf. on FMS, Elsevier, Amsterdam, 509-520.

Akella,R., Choong,Y., Gershwin,S.B. (1984), Performance of a hierarchical production scheduling policy, IEEE Trans. Comp. Hybrids and Manufac. Tech. 7, 225-240.

Akella,R., Choong,Y., Gershwin,S.B. (1985), Real-time production scheduling of an automated cardline, Ann. Oper. Res. 3, 403-425.

Akella,R., Bevans,J.P., Choong,Y. (1985a), Simulation of a flexible manufacturing system, LIDS-P-1435, Cambridge.

Baku,K., Meyer,E. (1982), Wirtschaftliche Fertigungsorganisation für Automobilzulieferer, ZwF 77, 273-276.

Bechte,W. (1980), Steuerung der Durchlaufzeit durch belastungsorientierte Auftragsfreigabe bei Werkstattfertigung, Diss.,
   Hannover.

Belt,B. (1976), Integrating capacity planning and capacity
   control, Prod. and Invent. Management 17, 9-24.

Ben-Arieh,D. (1986), Knowledge based control system for automated production and assembly, in A.Kusiak (ed.), Modelling
   and Design of Flexible Manufacturing Systems, Elsevier,
   Amsterdam, 347-386.

Blazewicz,J., Lenstra,J.K., Rinnooy Kan,A.H.G. (1983),
   Scheduling subject to resource constraints: classification
   and complexity, Discrete Appl. Math. 5, 11-24.

Blazewicz,J., Cellary,W., Slowinski,R., Weglarz,J. (1986),
   Scheduling under resource constraints - deterministic
   models, Ann. Oper. Res. 7, 1-359.

Bruno,G., Elia,A., Laface,P. (1986), A rule-based system to
   schedule production, Computer 19, 32-39.

Carrie,A.S., Perera,D.T.S. (1986), Work scheduling in flexible
   manufacturing systems under tool availability constraints,
   Int. J. Prod. Res. 24, 1299-1308.

Carrie,A.S., Petsopoulos,A.C. (1985), Operation sequencing in a
   flexible manufacturing system, Robotica 3, 259-264.

Christofides,N., Alvarez-Valdes,R., Tamarit,J.M. (1987),
   Project scheduling with resource constraints: a branch and
   bound approach, European J. Oper. Res. 29, 262-273.

Clancey,W. (1984), Classification problem solving,
   Proc. AAAI 84, 49-55.

Coffman,Jr.,E.G., Garey,M.R., Johnson,D.S. (1984), Approxima-
   tion algorithms for bin packing, an updated survey, in
   G.Ausiello, M.Luccertini, P.Serafini (eds.), Algorithm
   Design for Computer System Design, Springer, Wien, 49-106.

Flitman,A.M., Hurrion,R.D. (1987), Linking discrete-event simulation models with expert systems, J. Opl. Res. Soc. 38,
   723-733.

Fox,M.S., Smith,S.F. (1984), ISIS: a knowledge-based system for
   factory scheduling, Expert Systems 1, 25-49.

Frenk,J.B.G., Rinnooy Kan,A.H.G. (1984), The asymptotic optimality of the LPT rule, Math. Oper. Res., im Druck.

Gershwin,S.B., Akella,R., Choong,Y. (1984), A hierarchical
    scheduling policy applied to printed circuit board assembly,
    Robotics & CIM 1, 229-305.

Gershwin,S.B., Akella,R., Choong,Y.F. (1985), Short-term pro-
    duction scheduling of an automated manufacturing facility,
    IBM J. Res. Develop. 29, 392-400.

Godin,V.B. (1978), Interactive scheduling: historical survey
    and state of the art, AIIE Trans. 10, 331-322.

Graham,R.L. (1969), Bounds on multiprocessing timing anomalies,
    Siam J. Appl. Math. 17, 263-269.

Havermann,H. (1986), Der Leitstand - ein Baustein im CIM-
    Konzept, CIM Management 4, 69-71.

Hildebrandt,R.R., Suri,R. (1980), Methology and multilevel al-
    gorithm structure for scheduling and real-time control of
    flexible manufacturing systems, Proc. 3rd Int. Symp. on
    Large Engineering System, Memorial University of
    Newfoundland, Canada, 239-244.

Jacobs,F.R. (1984), OPT uncovered: many production and
    scheduling concepts can be applied with or without the soft-
    ware, Ind. Engineering, 32-41.

Jaikumar,R., van Wassenhove,L.N. (1987), A production planning
    framework for flexible manufacturing systems,
    unveröffentlichtes Manuskript.

Kanet,J.J., Adelsberger,H.H. (1987), Expert systems in
    production scheduling, European J. Oper. Res. 29, 51-59.

Kimemia,J., Gershwin,S.B. (1983), An algorithm for the computer
    control of a flexible manufacturing system, IIE Trans. 15,
    353-362.

Kimemia,J., Gershwin,S.B. (1985), Flow optimization in flexible
    manufacturing systems, Int. J. Prod. Res. 23, 81-96.

Krallmann,H. (1987), Expertensysteme in der Produktionsplanung
    und -steuerung, CIM Management, 60-69.

Lawler,E.L., Lenstra,J.K., Rinnooy Kan, A.H.G., Schmoys, D.B.
    (1985), The Traveling Salesman Problem, Wiley, New York.

Lee,E.-J., Mirchandani,P.B. (1986), Scheduling with setups on a
    two-machine FMS, Proc. IEEE, 1483-1489.

Lenstra,J.K., Shmoys,D.B., Tardos,E. (1987), Approximation
    algorithms for scheduling unrelated parallel machines,
    unveröffentlichtes Manuskript.

McNaughton,R. (1959), Scheduling with deadlines and loss
    functions, Man. Sci. 6, 1-12.

Mertens, P. (1988), Wissensbasierte Systeme in der Produktions-
    planung und -steuerung - eine Bestandsaufnahme, Information
    Management 4, 14-22.

Morton,T.E., Smunt,T.L. (1986), A planning and scheduling
    system for flexible manufacturing, in A.Kusiak (ed.),
    Flexible Manufacturing Systems: Methods and Studies,
    North-Holland, Amsterdam, 151-164.

o.V. (1988), Informationsmaterial verschiedener Firmen, Stand
    1988.

O'Keefe, R.M. (1985), Expert systems and operational research -
    mutual benefits, J. Opl. Res. Soc. 36, 125-129.

Özdemirel,N.E., Satir,A. (1987), Design of a decision support
    system for detailed scheduling, Information & Management 12,
    247-256.

Sahni,S. (1979), Preemptive scheduling with due dates, Oper.
    Res. 5, 925-934.

Schmidt,G. (1983), Polynomial lösbare Ablaufplanungsprobleme
    mit zeitlich begrenzten Ressourcenverfügbarkeiten, Diss. TU
    Berlin, FB Informatik.

Schmidt,G. (1984), Scheduling on semi-identical processors,
    Zeitschrift für Oper. Res. Theory 28, 153-162.

Schmidt,G. (1987), Anwendungen wissensbasierter Systeme in der
    flexiblen Fertigung, CIM Management 1, 58-62.

Schmidt,G. (1988), Scheduling independent tasks on semi-
    identical processors with deadlines, J. Opl. Res. Soc. 39,
    271-277.

Sharit,Y., Salvendy,G. (1987), A real-time interactive computer
    model of a flexible manufacturing system, IIE Trans. 19,
    167-177.

Shaw,M.J.P., Whinston,A.B. (1986), Applications of artificial
    intelligence to planning and scheduling in flexible manufac-
    turing, in A.Kusiak (ed.), Flexible Manufacturing Systems:
    Methods and Studies, North-Holland, Amsterdam, 223-242.

Slowinski,R. (1980), Two approaches to problems of resource
    allocation among project activities - a comparative study,
    J. Opl. Res. Soc. 31, 711-723.

Slowinski,R. (1986), Parallel machines - linear programming and
    enumerative algorithms, Ann. Oper. Res. 7, 99-132.

Subramanyam,S., Askin,R.G. (1986), An expert systems approach
    to scheduling in flexible manufacturing systems, in A.Kusiak
    (ed.), Flexible Manufacturing Systems: Methods and Studies,
    North-Holland, Amsterdam, 243-256.

Sugimori,Y., Kusunoki,F.C., Uchikawa,S. (1977), Toyota pro-
    duction system - materialization of just-in-time and
    respect-for-human system, Int. J. Prod. Res. 15, 533-542.

Talbot,B. (1982), Project scheduling with resource-duration
    interactions: the nonpreemptive case, Man. Sci. 28,
    1137-1210.

Talbot,B., Patterson,J. (1978), An efficient integer pro-
    gramming algorithm with network cuts for solving resource-
    constrained scheduling problems, Man. Sci. 24, 1163-1174.

Wedekind,H., Zörntlein,G. (1987), Eine konzeptionelle Basis für
    den Einsatz von Datenbanken in flexiblen Fertigungssystemen,
    Informatik Forschung und Entwicklung 2, 83-96.

Werra,de D. (1984), Preemptive scheduling linear programming
    and network flows, SIAM Journal Algebraic and Discrete
    Mathematics 5, 11-20.

Wiendahl,H.P. (1987), Ein Modell für die CIM-gerechte Ferti-
    gungssteuerung, CIM Management 2, 77-85.

Wiendahl,H.P. (1987a), Belastungsorientierte Fertigungs-
    steuerung, Hanser, München.

Wildemann,H. (Hrsg.) (1984), Flexible Werkstattsteuerung durch
    Integration von KANBAN-Prinzipien, Hanser, München.

Wittrock,R.J. (1985), Scheduling algorithms for flexible flow
    lines, IBM J. Res. Develop. 29, 401-412.

Würfel,G. (1986), Der software-gestützte Fertigungsleitstand,
    CIM Management 4, 69-71.

Betriebs- und Wirtschaftsinformatik

Herausgeber: H. R. Hansen, H. Krallmann,
P. Mertens, A.-W. Scheer, D. Seibt, P. Stahlknecht,
H. Strunz, R. Thome

Band 20: **T. Noth**

Unterstützung des Managements von Software-Projekten durch eine Erfahrungsdatenbank

1987. DM 69,-. ISBN 3-540-17842-2

Band 21: **H. Demmer**

Datentransportkostenoptimale Gestaltung von Rechnernetzen

1987. DM 69,-. ISBN 3-540-17919-4

Band 22: **J. Becker**

Architektur eines EDV-Systems zur Materialflußsteuerung

1987. DM 65,-. ISBN 3-540-18349-3

Band 23: **P. Haun**

Entscheidungsorientiertes Rechnungswesen mit Daten- und Methodenbanken

1987. DM 55,-. ISBN 3-540-18418-X

Band 24: **E. Plattfaut**

DV-Unterstützung strategischer Unternehmensplanung

1988. DM 45,-. ISBN 3-540-18631-X

Band 25: **R. Brombacher**

Entscheidungsunterstützungssysteme für das Marketing-Management Gestaltungs- und Implementierungsansatz für die Konsumgüterindustrie

1988. DM 69,-. ISBN 3-540-18667-0

Band 26: **F. Schober**

Modellgestützte strategische Planung für multinationale Unternehmungen

Konzeption, Potential und Implementierung
1988. DM 78,-. ISBN 3-540-18767-7

Band 27: **J. Hofmann**

Aktionsorientierte Datenverarbeitung im Fertigungsbereich

1988. DM 49,-. ISBN 3-540-18798-7

Springer-Verlag
Berlin Heidelberg New York
London Paris Tokyo Hong Kong

Band 28: **W. Brenner**

Entwurf betrieblicher Datenelemente

Ein Weg zur Integration von Informationssystemen
1988. DM 55,-. ISBN 3-540-18951-3

Band 29: **R. Oetinger**

Benutzergerechte Software-Entwicklung

1988. 43 Abbildungen. XIV, 305 Seiten. Broschiert
DM 78,-. ISBN 3-540-19135-6

Band 30: **G. Zimmermann**

Produktionsplanung variantenreicher Erzeugnisse mit EDV

252 Abbildungen. XII, 515 Seiten. Broschiert
DM 120,-. ISBN 3-540-19203-4

Band 31: **P. Mertens, V. Borkowski, W. Geis**

Betriebliche Expertensystem-Anwendungen Eine Materialsammlung

1988. 24 Abbildungen. VI, 215 Seiten. Broschiert
DM 49,80. ISBN 3-540-19268-9

Band 32: **R. Thome (Hrsg.)**

Systementwurf mit Simulationsmodellen

Anwendergespräch, Universität Würzburg, 10. 12. 1987
1988. DM 59,-. ISBN 3-540-19454-1

Band 33: **W. Ruf**

Ein Software-Entwicklungs-System auf der Basis des Schnittstellen-Management Ansatzes für Klein- und Mittelbetriebe

1988. DM 78,-. ISBN 3-540-50364-1

Band 34: **A. Back-Hock**

Lebenszyklusorientiertes Produktcontrolling

Ansätze zur computergestützten Realisierung mit einer Rechnungswesen-Daten- und Methodenbank
1988. DM 58,-. ISBN 3-540-50413-3

Band 35: **J. Nonhoff**

Entwicklung eines Expertensystems für das DV-Controlling

1989. DM 55,-. ISBN 3-540-50760-4